KB047353

( CONCEPT WRITING )

**이 책은 자기성장 커뮤니티 HFK에서 진행 중인 〈인생 첫 카피〉 강의록과**
**멤버들의 빛나는 문장에 기대어 썼습니다.**
**퇴근 후 집에 가고 싶은 마음을 돌려**
**저의 강의실로 와주신 분들에게 존경과 감사를 전합니다.**

강지수, 곽명주, 권민지, 권효윤, 금가람, 김관식, 김규진, 김동일, 김소연, 김수지, 김수진, 김영우, 김영일, 김윤정, 김재윤, 김정미, 김정민, 김지은, 김한진, 나연연, 도민우, 류다은, 민아람, 민용식, 박민지, 박선영, 박초롱, 박희영, 방은혜, 배주은, 백혜현, 서근태, 서상균, 서상희, 서화현, 손현선, 송미나, 신상우, 신서영, 신한솔, 안수현, 양한나, 오준호, 오혜리, 용상아, 유윤정, 유재훈, 윤슬빈, 윤지환, 이도현, 이명진, 이선희, 이소영, 이슬기, 이승주, 이연수, 이영우, 이재헌, 이주영, 이지은, 이파라, 이화정, 장채은, 전소영, 전신애, 정윤수, 정주환, 조은하, 조혜진, 주효정, 최정운, 한다희, 한호진, 홍수경, 황수민

새로움
차별화
아카이빙
효율
아이덴티티

노윤주
지음

넥스톤

# CONCEPT WRITING

# 컨셉 라이팅

## 흩어지는 생각을 컨셉으로 뽑아내는 글쓰기 게임

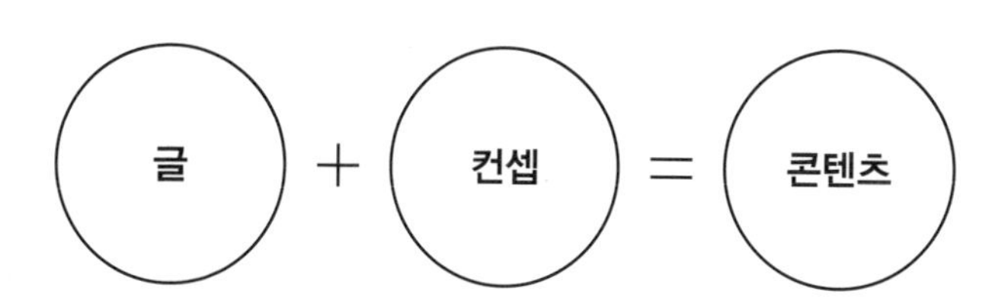

▶

# 들어가며 왜 우리는 모두 '한 줄'을 쓰고 싶어 할까요?

강의 시각: 월요일 저녁 7시 30분

강의 시간: 2시간 30분

강의 기간: 2달 반, 총 6회

제가 5년째 맡고 있는 카피라이팅 강의는 이렇게 진행합니다. 잠깐만 생각해봐도 직장인이 월요일에 퇴근하고 2시간 30분짜리 강의를 들으러 오기란 쉽지 않은 일이죠. 그래서 이 강의를 하겠다고 마음먹었을 때 가장 궁금했던 것은 '과연 어떤 분들이 오실까?'였습니다. 부담스러운 일정에도 불구하고 이 강의를 선택했다면 그만큼

절박하게 카피라이팅을 배워야 하는 분들이 아닐까 싶었죠. 머릿속에 가장 먼저 떠오른 직업군은 마케터였어요. 디지털 마케팅 또는 SNS 운영을 하는 분들, 브랜드를 만들고 관리하는 분들이죠. 실습이 많은 강의라는 점을 강조했으니 아무래도 글 쓰는 것에 부담이 덜한 분들이 오실 거라는 생각도 했습니다. 콘텐츠를 기획하고 쓰고 다듬는 분들, 카피라이터를 지망하는 분들을 예상했어요. 그리고 제가 5년 동안 강의실에서 만난 수강생들의 직업은 이랬습니다.

음향 컨설턴트, UX 디자이너, 가드닝 전문가, 푸드 스타일리스트, 펀드 매니저, 보안 시스템 담당자, 온라인 쇼핑몰 개발자, 법률 전문가, HR 교육 담당자, 항공사 지상직 직원, 엔터테인먼트 마케터, 식품 회사 세일즈 마케터, 해외 영업 담당자, 화장품 회사 유통 담당자, 기업 분석 전문가, 공간 기획자, 조직 문화 담당자, 회계사, 대학생, CEO 등등.

겹치는 직업이 없을 정도로 다양한 분야에서 오신 분들의 자기소개를 듣는 시간은 흥미진진했습니다. 동시에 궁금했어요. 왜 음향 컨설턴트가, 왜 가드닝 전문가가, 왜 보안 시스템 담당자가 카피라이팅을 배우는 걸까? 그리고 이어지는 소개에서 저의 상상력이 빈약했다는 것을 알게 됐습니다.

"갈수록 설득해야 할 사람이 많아지는데, 제가 쓰는 문장이 명료하지 못한 것 같더라고요. 그래서 카피라이팅을 배워보고 싶었어요."

"회의시간에 옆자리 동료와 비슷한 이야길 하는 것 같은데 제가 하는 말에는 주목도가 떨어지는 거예요. 그래서 제 생각을 군더더기 없는 한 줄로 표현하는 법을 배우려고 왔어요."

"저는 회사에서 엑셀만 봅니다. 숫자라면 자신 있는데 글을 쓰려고 하면 멍해져요. 머릿속에 맴도는 생각들을 창의적인 한 줄로 쓰고 싶어서 왔습니다."

"업무상 메일을 많이 쓰는데요. 특히나 한 번도 만나보지 못한 사람에게 무언가를 제안할 때 제 메일을 읽게 하려면 제목부터 달라야겠더라고요."

"제가 생각하는 회사의 비전을 직원들에게 공유하려면 정확한 언어가 필요하다고 생각했습니다. 광고로 치면 카피 같은 한 줄이요."

저도 미처 몰랐던 카피라이팅의 쓰임을 발견하는 순간이었습니다. 누군가에게는 프레젠테이션에서 클라이언트를 설득하는 한 줄이, 누군가에게는 회의에서 자신의 생각을 남과 다르게 표현하는 한 줄이, 누군가에게는 맴도는 생각을 빤하지 않게 쓴 한 줄이, 누군가에게는 메일을 열어볼 사람을 유혹하는 한 줄이, 누군가에게는 회사에서 자신의 비전을 구성원들에게 공감시키기 위한 한 줄이 바로 카피더라고요. **가만히 들어보니 모두가 각자의 일터에서 해결해야 하는 문제를 가지고 있었죠.** 이왕이면 짧고 뾰족한 문장을 통해 그 문제를 해결하고 싶어 했고요. 그렇다면 이 한 줄은 더 이상 '카피'에만 머무르지 않는다는 생각이 들었습니다. 이 '한 줄'이 무엇이기에 모두 쓰고 싶어 하는 걸까요?

## 그래서 컨셉이 뭔데요?

회의실에서 하고 싶은 말이 생기는 건 일을 잘하고 있다는 증거입니다. 상대방의 이야기를 잘 들었다는 것이고 일에 관한 자신의 주장이 있다는 뜻이니까요. 하지만 정말로 하고 싶은 이야기일수록 말로 표현하기가 어렵죠. 그래서 한참을 말하고 난 후 또는 수십 장의 기획서를 열심히 설명하고 난 후 상대방에게 이런 질문을 받곤 합니다.

"그래서 한 줄로 말하면 뭐죠?"

지금까지 내가 설명할 때는 뭘 듣고 이런 소리를 하나 싶지만, 진심으로 궁금해하는 상대방의 표정을 보면 뭔가 잘못됐다는 것을 느낍니다. 마음을 다잡고 내 생각을 한 줄로 표현하려면 말문이 막히죠. 이 한 줄을 바로 '컨셉'이라고 부릅니다.

회사에서 처음으로 "그래서 컨셉이 뭐죠?"라는 질문을 들었을 때, 저는 컨셉이 기발한 문장인 줄 알았습니다. '내 문장에 기발함이 없구나'라고 생각했죠. 그래서 수식어를 넣어 문장을 꾸몄습니다. 그랬더니 이런 질문이 돌아왔습니다.

"재미는 있는데, 그래서 컨셉이 뭐죠?"

그다음에는 컨셉이 하고 싶은 말을 압축한 논리적인 문장이라고 생각했습니다. 그래서 하고 싶은 말을 다 끼워 넣은 문장을 말했더니 이번엔 이런 질문이 되돌아왔습니다.

"무슨 말인지는 알겠는데, 그래서 컨셉이 뭐라고요?"

기발함도 논리력도 아니라면 컨셉에는 무엇이 담겨

야 할까요? 그런데 어느 날 회의 도중 저도 모르게 제 입에서도 "그래서 컨셉이 뭔데요?"라는 질문이 나오더군요. 순간 깨달았습니다. '컨셉이 무엇이냐?'라는 질문은 '당신의 글이 우리가 처한 문제를 어떻게 해결하고 있느냐?'라는 물음이었다는 것을요.

컨셉에 가장 먼저 담겨야 하는 것은 기발함도 논리력도 아닌 바로 '문제 해결력'입니다. 그래서 컨셉이라는 것은 듣는 순간 무엇을 하고자 하는지 알게 하는 한 줄이고, 말하는 순간 긴 설명 없이도 주변에 퍼져나가기 쉬운 한 줄이고, 그래서 결국 내 생각을 '팔리게' 해주는 한 줄입니다.

### 컨셉은 끄적이는 동안 탄생한다

컨셉을 만들기 위해서는 크게 2개의 과정이 필수입니다. 첫 번째는 컨셉에 담을 '차별화된 생각'을 하는 것이고요, 두 번째는 그 생각을 표현하는 '차별화된 문장'을 만드는 과정입니다. 이 책에서는 이 두 가지 과정을 모두 체험할 수 있는 '컨셉 라이팅 게임'을 해볼 것입니다.

왜 컨셉 '라이팅'인지 의아할지도 모르겠습니다. '만드는' 게임이 아니라 '쓰는' 게임이라고 말하는 이유는, 컨셉이란 아침에 샤워를 하다가 불현듯 생각나는 것이 아니기 때문입니다. 회의실에서 지그시 눈을 감고 있는데 갑자기 찾아오는 것도 물론 아니고요. 컨셉은 가만히 앉아 팔짱 끼고 있는 사람이 아닌 끄적이는 사람에게 찾아옵니다. 머릿속에, 스마트폰 메모장에, 노트북에, 수첩에, 영수증에 끄적이는 사람들. 골똘히 생각하고 잊지 않으려고 노력하는 사람들이죠. 바로 여러분입니다.

이 책에서는 쓰는 도중에 컨셉을 발견할 수 있도록, 끄적이는 노력에서 컨셉을 건져낼 수 있도록, 그래서 여러분 머릿속에 맴도는 아이디어가 회의실에서 팔리는 컨셉이 될 수 있도록 그 방법을 상세하게 알려드릴 것입니다. 노트북 앞에 앉았을 때 무엇부터 생각하고 무엇을 검색해야 하는지, 무엇을 연습해야 하는지 알려드릴 거예요. 그냥 알려드리는 것이 아니라 재미있게 알려드릴 생각입니다.

이 책에는 우리와 비슷한 고민을 안고 있는 5명의 등장인물이 나옵니다. 추유경, 주선인, 이미로, 방수빈, 심가람인데요. 이들이 처한 상황 각각을 재미있게 해결하는 5개의 게임을 알려드립니다. 각 게임에는 이 노하우를 내 것으로 만들 수 있는 과제가 있는데요. 당연하게도 과제를 직접 해보시는 것이 매우 중요합니다. 혼자서도 충분히 해낼 수 있는 과제이지만, 홀로 책을 읽으며 과제까지 해내는 건 도전적인 일이므로 함께 완주할 친구를 한두 명 꼬셔봐도 좋을 것 같습니다. 나를 위해 쓴소리를 할 줄 아는 친구라면 더 좋겠습니다. 책을 신성시하는 분이라도 이 책만큼은 연습장처럼 연필로 쓰고 고쳐보기를 권합니다. 쓸 자리가 부족하다면 노트 한 권을 함께 준비해도 좋아요. 이 책이 여러분의 운동복처럼 구겨지고 더러워지고 낡아진다면 아주 잘하고 계신 겁니다.

자, 그럼 시작해볼까요?

차 례

1장

# 새로움

# 뻔한 컨셉에서 벗어나기

보수적인 보험 업계에서 마케터로 일하는 추유경 과장.
어느 날 갑자기 2세 경영이 시작되면서
새로운 컨셉의 보험을 만들라는 임무를 맡게 되는데….
어떻게 하면 매일 하던 뻔한 생각에서 벗어나
새로운 컨셉의 보험을 만들 수 있을까요?

문제

# 만수 생명보험에 다니는 추유경 과장입니다

위아래로 꽉 막혔지만 그만큼 안정적인 회사에 다니고 있다고 생각했다. 다른 업계에서는 다들 변화하지 않으면 죽음뿐이라는데, 내가 속한 조직에서는 변화해야 하는 이유를 설득하려고 보고서를 쓴다. 설득되는 경우는 많지 않다.

MZ세대를 잡기 위한 마케팅 계획을 보고하러 전무실에 들어갔다가 쓸데없는 데 돈 쓰지 말고 기존 고객 관리나 잘하라는 말을 듣고 나왔다. 예상한 일이지만 그렇다고 한숨이 나지 않는 것은 아니라서 자리에 앉아 콧김을

뿜어내고 있는데 파티션 너머로 옆 팀 팀장님이 고개를 내밀었다.

"추 과장, 내가 회사 오래 다니는 비결 가르쳐줄까?"

"팀장님…, 지금은 오래 안 다니고 싶은데요."

"오래 다닐 상이야."

"비수 꽂지 말고 비결이나 말해주세요."

"간단해. 전무님은 큰아버지야."

"큰아버지요…?"

"이 회사 임원들을 친척 어르신이라고 생각하는 거야. 명절 때만 만나는 꼬장꼬장한 큰아버지 있잖아? 딱 전무님이잖아."

나이 먹고 나서는 친척집에 가지도 않고 나의 큰아버지는 평생 직업 한번 제대로 가져본 적 없는 한량이라 꼬장꼬장과는 거리가 먼 사람이지만, 팀장님의 말이 무슨 의미인지는 알 것 같았다.

"큰아버지라 생각하고 공경하고 흘려들으라는 말씀이신 거죠?"

"아니? 그게 아니라, 그 양반이 바뀔 거라고 기대한 적 있어?"

"제가 왜 큰아버지를 바꿔야 하죠…?"

"그것 봐. 애초에 바꾸려는 생각도 안 하잖아. 큰아버지가 그대로라고 추 과장 인생에 문제 된 적 있어? 그냥 가족이니까 그러려니 하고 엉켜 있는 거잖아. 엉켜 있다는 게 생각해보면 엄청 안전한 거다?"

"엄청 숨막히긴 하는데 또 안전하긴 하네요."

"가만히 보고 있으면 이 양반도 애잔할 때가 있거든. 그러니까 내 말은, 큰아버지한테 명절에 인사드리러 간다 생각하고 보고하러 들어가면 한 소리 들어도 별로 힘들지 않다는 거야."

이 사람은 지금까지 이런 마음으로 회사를 다녔나? 그래서 욕을 먹어도 제삿밥 먹은 사람처럼 편안해 보였나? 팀장님 말이 내게 도움이 됐는지는 모르겠지만 팀장님을 지켜보는 재미는 생겼다. 팀장님도 나를 지켜보는 눈치길래 가족 같은 마음으로 함께 밥을 먹고 커피를 마시며 지내던 어느 날, 회사에 낯선 바람이 불었다.

사내에 바람이 불면 그건 불륜이거나 칼바람이다. 이번에는 후자다. 샌프란시스코에서 유학 중이던 회장님의 첫째 아들이 벌써 서른두 살이 되어 우리 회사 전무로 온다는 소문이 돌았다. 소문은 사실이 되어 나의 큰아버지, 아니 전무님이 방을 비웠다. 그다음부터는 출근과 퇴근

사이, 퇴근과 출근 사이 거세게 불어대는 변화의 태풍 때문에 정신이 얼얼할 지경이었다.

가장 먼저 내가 속한 마케팅팀은 브랜드 리빌딩 유닛이 되었다. 직급이 없어지고 '님'이라는 호칭이 생겨나고, 내 이름은 '추유경'에서 '마틸다 추'가 되었다. 태풍은 성역처럼 높고 낡은 파티션을 모조리 무너뜨리더니 삼성 노트북을 애플 맥북으로 갈아치웠다. 아침부터 카톡 대신 슬랙이 울어대기 시작했고 이 방 저 방 들어가서 이모티콘을 다느라 오전 시간이 사라졌다. 마지막 안식처였던 탕비실이 허물어지고 사내에 만수벅스가 들어섰을 때 나는 옆 팀 팀장님과 아이스 아메리카노를 시켜놓고 함께 떨며 떠들었다.

"팀장님, AI 교육받으셨어요?"

"응. 난 첫날 받았지. 신기하더라."

"팀장님, 저는 지금 이렇게 회사 이름 적힌 컵에 아메리카노를 마시면서 AI를 말하고 있다는 게 비현실적이에요. 좀 무서운 거 같기도 하고…."

10년은 젊어 보이는 흑백 프로필 사진 아래 '산드라 방'이라고 적힌 사원증을 목에 건 팀장님이 나를 쳐다봤다. 사진 속 당차 보이는 사람의 입에서는 나오지 않을 것 같은 말이 이어졌다.

"나는 많이 무서워."

"앞으로 어떻게 되는 걸까요?"

"추 과장, 내가 한 말 기억하지?"

"많은 말을 하셔서…."

"회사 오래 다니려면 임원을 친척처럼 생각하라고 그랬잖아. 바뀐 거 없어. 새로 온 전무를 우리 조카라고 생각하자. 왜, 집안 돈으로 외국물 먹고 와서 매번 제사에 지각하는 조카 있잖아."

"새 전무님은 저랑 네 살밖에 차이가 안 나는데요?"

"예전에는 다 그랬어. 조카가 고모보다 나이가 많기도 했다니까. 나이 차이가 중요한 게 아니라…, 추 과장은 조카가 집안을 통째로 바꾸는 거 본 적 있어? 조카 때문에 가풍이 바뀌었다는 이야기 들은 적 있냐고."

"저희 집은 조카 태어나고 명절 분위기가 확 달라지긴 했는데…."

"분위기야 바뀔 수 있지. 우리 조카도 디자인 공부를 한다나? 저번에 큰집에 갔는데 벽지를 초록색으로 바꿨더라고. 어두침침한 게 영 이상했는데 그게 유행이라고 하니까 집이 좀 세련돼 보이기도 하는 거 있지. 그런 거야. 일종의 환기 같은 거."

"환기라…, 공기청정기 같은 거라는 말씀이시죠? 한 대 놔두면 묵은 공기가 좀 맑아지는 거."

"그거야. 바로 그거야! 역시 추 과장은 머리가 잘 돌아가. 공기청정기 한 대 들여놨다고 가풍까지 바뀔 수는 없는 거야."

"팀장님하고 이야기하니까 안정이 되네요. 그리고 일단 커피가 맛있어요."

"그래. 카누보다 훨씬 낫다. 우리 조카 덕 좀 본다고 생각하자."

조카 잘 둔 덕에 호강하는 고모와 이모가 된 우리는 하루아침에 가장 보수적인 보험회사에서 잘나가는 글로벌 기업으로 이직이라도 한 듯 솜사탕같이 붕 뜬 열흘을 보냈다. 그리고 또 월요일. 허세 조금 보태서 이제는 없으면 안 될 것 같은 만수벅스에 가서 아메리카노를 주문하려는데 슬랙이 울린다. 다름 아닌 나의 큰 조카, 아니 새 전무님이었다.

Hi @brand-team

▸ Invitation for Brainstorming Meeting

▸ What - 만생보 브랜드 리빌딩

▸ When - 11:00 AM

▸ Where - Thunder Room

▸ How - 열린 마음만 갖고 오세요

브레인스토밍? 만생보? 브랜드 리빌딩? 열린 마음으로? 그런데 30분 남았잖아? 물음표만 가득 남기는 초대장이었다. 지금까지 나에게 회의란 최소 3일 전에 시간이 정해지고, 미리 회의자료를 준비한 뒤 그걸 상사 앞에서 발표하고 피드백받는 것이었다. 그런데 30분 전에 벼락처럼 공지되고 준비물은 서류가 아니라 열린 마음이라니 어리둥절하다. 나는 준비 없이 말하는 것을 좋아하지 않는다. 아니, 무섭다. 도대체 무슨 회의일지 감이 오지 않아서 팀장님, 아니 산드라를 쳐다봤더니 노트를 챙기는 그의 뒷모습이 쓸쓸해 보인다. 물어도 소용없겠다.

전무님은 반바지를 입고 있었다. 내 조카와의 공통점은 거기까지였다.

"안녕하세요. 다들 편하게 앉으세요. 새로 부임한 쿤입니다."

목소리에 여유가 있다. 싱긋 미소 지어 더 유연해진 어린 얼굴이 긴팔 재킷을 입어 한층 경직되어 보이는 우리를 찬찬히 둘러보더니 이야기를 시작했다.

"저는요, 이렇게 생각합니다. 여기 모인 여러분이 회사에서 가장 중요한 일을 담당하고 계신 분들이라고."

시작부터 압박감이 몰려온다.

"우리가 당장 시작할 일은 이거예요."

그가 화이트보드 앞으로 자리를 옮기더니 보드마커를 꺼내 '만생보'라고 쓰고는 그 위에 줄을 긋는다. 그리고 다시 쓴다. 만…생…보…. 응?

"지금까지의 만수를 완전히 잊고 새로운 만수를 쓰는 겁니다. 브랜드 리빌딩이라고 생각하면 쉽겠죠. 앞으로 우리는 새로운 고객을 찾아 떠나는 항해를 시작할 겁니다. 저는 이 생각만 하면 설레서 잠이 안 와요. 요즘 제 또래들은 만수를 몰라요. 보험에도 통 관심 없죠. 저는 만수를 다시 인기 있는 아이로 만들고 싶어요. 여러분의 많은 도움이 필요합니다."

인기 있는 만수? 우리 만수는 그런 애가 아닌데…?

"보험 하면 생각나는 단어가 뭔가요? 산드라가 답해보실래요? 산드라 맞죠?"

산드라의 하얀 얼굴이 더 하얘졌다. 산드라가 주춤거리며 일어난다.

"네. 전무님."

"전무님이 아니라 쿤이라고 불러주세요. 쿤."

"네. 쿤 님… 제가 생각하는 보험이란…."

"쿤 님 아니고 쿤. 보험이란?"

"네, 쿤…. 그러니까 보험이란… 우리 고객의 삶을 지켜주는 든든한 울타리 같은 것으로서…."

"울타리 좋네요. 하지만 식상하죠. 혹시 다른 생각은 없나요?"

아무도 답이 없다. 다들 고개를 숙인다. 그때 우리 팀 대리, 아니 대니가 입술을 달싹인다.

"방패…? 방패 같은 거 아닐까요? 암이나 교통사고 같은 공격을 수비해주는 거니까…."

"방패! 대니, 좋아요. 방패. 하지만 울타리랑 큰 의미에서 비슷한 말이죠. 또요? 마틸다?"

올 것이 왔다.

"네. 제가 생각하는 보험은… 제가 꿈꾸는 보험은… 엄마… 엄마요…! (됐다. 해냈다.) 엄마는 내가 어떤 상황에 있든 배신하지 않는 존재잖아요. 저는 보험이 그래야 한다고 생각합니다!"

"재밌네요. 만수는 엄마다. 그런데 이미 경쟁사에서 비슷한 걸 썼죠? A회사 상품 중에 '아빠 같은 생명보험'이 있지 않나요?"

"아빠랑 엄마는 근본적으로 다른데…."

"아, 오케이. 맥락으로 들어주세요."

'네가 한번 해보지 그러세요?'라는 소리가 나오려는 찰나, 쿤이 말했다.

"아이폰은 어떨까요? 새 시리즈가 나오면 사고 싶잖아요. 저는 만수도 그렇게 되어야 한다고 생각해요."

쿤이 주머니에서 지난주에 출시한 신형 아이폰을 꺼내 흔들어 보였다.

"여름휴가는요? 큰돈이 들어가는 데도 다들 좋아하잖아요. 다들 휴가만 생각하면 웃음이 나죠? 전 우리 만수가 그렇게 됐으면 좋겠어요."

여름휴가? 그래, 발리 좋았지….

"앞으로 우리는 한 번도 보지 못했던 보험을 만들 거예요. 그러기 위해서는 아웃 오브 박스, 틀을 벗어나야 해요. 똑같은 것만 해서는 살아남을 수 없어요. 우리는 많은 소통을 해야 해요. 우리가 가까워질수록 만수는 더 새로워질 겁니다. 다음 회의는 3일 뒤 이 시간. 각자 새로운 컨셉의 보험을 생각해보고 모이기로 해요. 새로워 보이기만 한다면 어떤 아이디어든 상관없습니다. 회의는 짧을수록 좋죠? 그럼 오늘은 이만."

쿤이 나가고 우리는 남았다. 누구도 선뜻 일어나지 못했다. 바보가 된 기분이었다. 아니, 노인이 된 기분이었다. 내가 회사를 답답하다고 생각한 적은 많았지만 회사가 나를 답답하다고 생각한 적은 없었는데 전복된 이 상황이 낯설었다. 변화가 필요하다는 보고서를 쓸 때도 내가 생각한 변화는 이런 것이 아니었다. 틀을 깬 생각이란 무엇일까. 3일 동안 무엇을 해야 새로운 보험을 생각해낼 수 있을까. 내가 입사 이래 새로운 것을 생각해본 적이 있나? 나는 산드라를 쳐다봤다. 산드라도 나를 쳐다봤다. 팀장님, 공기청정기가 가풍을 바꾼 거 같은데요. 우리… 어떡하면 좋죠?

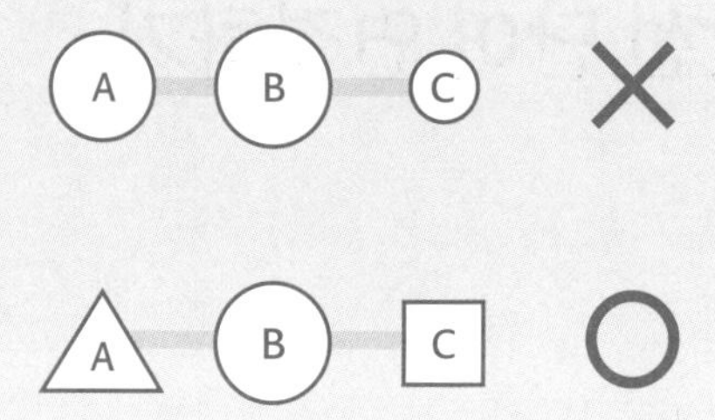


변화가 두렵지 않은 사람은 없죠.

하지만 직장인의 빡빡한 하루 일정에

두려워할 시간은 배정되어 있지 않습니다.

오랫동안 한 방향으로 굴러가던 생각에 브레이크를 밟고

새로운 방향을 향해 출발할 시간.

관성에 익숙해진 머리는 어떻게 해야 방향을 틀 수 있을까요?

마틸다 추처럼 익숙함의 틀을 깨야 하는 분들에게

'낯선 단어 연결하기' 게임을 추천합니다.

게임 

# 낯선 단어 연결하기

처음부터 이렇게 말하면 안 믿으실지도 모르겠지만, 제가 가장 좋아하는 게임입니다. 언제 어디서든 쉽게 해 볼 수 있고 쉽게 활용할 수 있기 때문인데요. 감을 잡기 위해서 바로 연습 게임을 해볼게요. 제가 3개의 단어를 보여드릴 텐데요. 순서는 상관없이 단어들을 조합해서 생각나는 1개의 문장을 말해보세요.

춤 + 칭찬 + 고래

어떤 문장이 떠오르시나요?

그렇습니다. 너무 유명한 책이라서 바로 생각났을 것 같아요.

▶ 칭찬은 고래도 춤추게 한다.

하나 더 해볼게요.

숨 + 다이브 + 러브

네. 아이돌그룹 아이브의 노래 가사죠.

▶ 숨 참고 러브 다이브

빠르게 하나 더 해봅시다.

무계획 + 완벽 + 계획

이번에는 영화 〈기생충〉 속 대사인데요. 영화를 보지 않았거나 기억이 나지 않아도 좋아요. 그냥 마음대로 연결해보세요.

▶ 무계획이 완벽해지면 계획이 된다?

▶ 계획과 무계획의 차이는 완벽함이다?

영화 속 실제 대사는 이것입니다.

▶ 가장 완벽한 계획은 무계획이야.

또 하나 더 해볼게요.

술 + 좋다 + 여행

이건 모르는 분들이 더 많을 것 같습니다. 무라카미 하루키의 에세이《만약 우리의 언어가 위스키라고 한다면》에 나오는 문장이에요. 역시 모르셔도 좋아요. 자유롭게 조합해보세요.

▶ 술이 있어야 좋은 여행이다?

맞는 말이지만 땡.

▶ 여행 가서 좋아하는 술을 사왔다?

역시 멋진 문장이지만 땡.

당신의 문장은?

▶

하루키의 문장은 이렇습니다.

▶ 좋은 술은 여행하지 않는다.

술은 현지에서 마시는 것이 가장 맛있다는 뜻인데요. 술과 여행을 조합해서 이런 문장이 나왔다는 게 참 멋있죠. 보통 '여행'이 들어간 문장을 쓴다면 사람이 여행을 가는 조합을 생각하지 주어에 '술'이 오게 할 생각은 쉽게 떠오르지 않으니까요. 이처럼 평소에 연결하지 않았던 단어들을 조합했을 때 인상적인 문장이 만들어집니다. 감이 좀 오시나요? 또 해봅시다.

이 + 페어플레이 + 눈

이건 드라마 〈더 글로리〉에서 주인공 문동은이 했던 대사예요. 하지만 역시, 원래 대사는 신경 쓰지 말고 생각나는 말을 자유롭게 연결해보세요.

▶ 눈과 이의 페어플레이가 시작됐다?

▶ 눈 쏟아지는 날의 이 게임은 페어플레이로 기억될 것이다?

▶

얼마든지 나올 수 있죠. 김은숙 작가의 조합을 볼까요?

▶ 눈에는 눈, 이에는 이. 그건 너무 페어플레이 같은데요.

'눈에는 눈, 이에는 이'까지가 복수를 다짐하는 말로 평소에 쓰는 표현이죠. 거기에 한 단계 수위를 높여서 '그건 너무 페어플레이'라는 생각지도 못한 말을 붙였더니 정말 오싹하게 무서운 문장이 만들어졌어요. **한 번도 연결해보지 않았던 단어끼리 붙으면 이렇게 강력한 문장이 만들어집니다.**

언뜻 보면 관계없을 것 같은 단어들을 연결하기. 이게 바로 첫 번째 게임이에요.

저는 이 게임을 면접에서 처음 해봤습니다. 대학생 시절 광고회사 인턴 자리에 면접을 보러 갔을 때인데요.

20년 경력의 카피라이터 대표님과 일대일로 보는 자리였어요. 잔뜩 긴장해서 면접실로 들어섰더니, 대표님이 제 앞으로 회전하는 명함첩을 내밀었습니다. 명함 대신 단어가 적힌 종이로 빼곡했죠. 거기서 단어 3개를 무작위로 고르라고 하시더군요. '광고회사는 역시 이상하구나…' 생각하면서 골랐더니 그 단어 3개를 넣어서 문장을 만들어보라고 했습니다. 제한 시간은 30초.

가뜩이나 떨리는데 당황스럽기까지 했죠. 머릿속으로 문장 하나를 겨우 만들어서 더듬더듬 말했더니, 이번에는 순서를 바꿔서 또 다른 문장을 만들어보라고 했어요. 그러기를 몇 차례 반복했습니다. 식은땀이 나고 정신이 혼미해지더라고요. 그런데 너무 재미있었어요. 면접장을 나와서도 그 단어들이 계속 생각나서 합격 통보를 받기 전까지 새로운 문장으로 조합해봤어요. '이렇게 만들걸, 이렇게 하면 더 좋았을 텐데' 하면서요.

인턴 면접에서 배운 것이지만 19년 차 광고인이 된 지금도 자주 해보는 게임입니다. 카피라이터가 된 후에도, 그리고 기획자(AP)로 직군을 바꿨을 때도, 아이디어가 막히거나 너무 뻔하게 써질 때마다 하고 있죠. 인턴 면접에서 문제로 내기도 하고요.

이 게임이 컨셉을 쓰는 데 어떤 도움이 될까요? 소설가 윌리엄 플로머William Plomer는 이런 말을 했습니다. "창의성이란 서로 관계없어 보이는 것을 연결하는 힘이다." 라이팅도 마찬가지입니다. 유명한 카피들은 관계없어 보이는 단어들, 멀리 떨어져 있는 단어들을 가까이 연결한 것이 많아요.

**Impossible** is **nothing**.

**불가능**, 그것은 **아무것도 아니다**.

아디다스

'불가능'이라는 묵직한 단어에 '아무것도 아닌 것'이라는 가벼운 단어를 찰싹 붙였을 뿐인데 가슴 뛰게 만들죠.

The **only thing** that's changed is **everything**.

달라진 것은 **단 하나**, **전부**입니다.

아이폰 6s

모든 것을 품은 넓은 단어 '전부'에 아주 뾰족한 단어 '하나'를 붙였더니 아주 자신감 넘치고 강력한 카피가 만들어졌습니다.

**행운**이 **반복**되면 **실력**이다.

기아 K7

수상광고 카피인데요. 수상광고는 소비자에게 감사를 표현하는 식의 뻔한 광고가 많죠. 그런데 수상광고에서도 '행운'과 '실력'이라는 관계없는 단어를 붙여서 차의 존재감이 확연히 드러나게 했어요. 자, 그럼 우리도 본격적으로 연결해볼까요?

다음 3개의 단어를 자유롭게 연결해서 문장을 만들어 보세요. 제한 시간은 30초입니다.

얼룩말 + 커피 + 따갑다

▶

저도 해봤어요.

▶ 얼룩말 무늬 컵에 담긴 커피는 너무 뜨거워서 목이 따가울 지경이었다.

이번에는 단어의 순서를 바꿔서 만들어보세요. 앞서 만든 문장에서 '얼룩말'이 맨 앞에 들어갔다면 '따갑다'를 먼저 넣어보는 건 어떨까요?

저는 이렇게 해봤습니다.

▶ 따가운 햇살 아래, 얼룩말을 바라보며 커피를 마셨다.

다시 한번 순서를 바꿔보세요. '커피'가 가장 먼저 오는 거죠. 해보고 계시죠?

저는 이렇게 썼어요.

▶ 커피를 사러 얼룩말 목도리를 하고 나섰더니
시선이 따가웠다.

지금까지 좀 짧게 썼다면, 이번에는 더 길게 만들어보세요. 문장이 여러 개여도 상관없습니다.

저는 4개의 문장으로 써봤어요.

▶ 테이블을 두드리며 깔깔 웃는데 커피잔이 떨어졌다.
얼룩말 무늬 카펫이 순식간에 갈색으로 물들었다.

친구가 귀가 따갑게 소리쳤다.

"야! 너는 왜 나이를 먹어도 바뀌지를 않니?"

할만하신가요? 4개를 전부 해냈다면, 이 게임의 반을 정복하신 거예요.

다른 사람들은 어떻게 썼을까요? 타인이 쓴 문장을 보는 것만큼 좋은 공부는 없죠. 〈인생 첫 카피〉 강의를 수강했던 분들이 쓴 문장을 보여드릴게요. 여러분처럼 생각하고 글 쓰는 것을 좋아하지만 전문 카피라이터는 아닌 분들이 쓴 예시예요. 단어 3개를 연결했을 뿐인데 얼마나 다양한 문장들이 나올 수 있는지 봐주세요.

▶ 얼룩말의 따가운 시선을 느끼며 커피 한잔.

▶ 얼룩말의 커피색 혀가 핥고 지나간 왼쪽 뺨이 따가웠다.

짧은 시간에 문장을 만들다 보면, 가장 인상적인 단어가 앞으로 오는 경우가 많죠. 그게 얼룩말이었나 봐요. 이 예시가 좀 짧은 문장들이라면,

▶ 얼룩말이 나를 치고 지나가서 들고 있던 커피를 쏟았고

친구는 따갑다고 나에게 화를 냈어.

▶ 얼룩말이 정말 얼룩졌다고 표현해도 되는지 생각하는 동안

커피가 뜨겁다는 사실을 잊어버리고 마시다가

따가운 커피를 경험했다.

이렇게 길게 써보기도 했어요.

▶ 얼룩말도 길들일 수 있다며 힘겹게 올라탄,

아메리카에서 온 돈키호테는 들고 있던 커피와 함께

그대로 선인장 가시 위로 떨어졌다.

따가운 건 그의 몸일까, 아니면 자존심일까?

단어 3개에 만족하지 않고, '돈키호테'라는 멀리 떨어져 있는 단어를 하나 더 붙였네요. 덕분에 문장이 소설적으로 재미있어졌어요.

▶ 얼룩말 그림이 그려져 있는 커피 원두는

컬리에서 상품평이 좋아 산 건데 향기를 맡아보니

영 내 취향이 아니고, 이건 또 뭔지

날카로운 봉투의 모서리에 손이 베어 따갑다.

역시 '컬리'라는 단어를 하나 더 붙이는 과감한 시도를 하셨네요. 갑자기 현실감이 확 더해졌죠.

▶ 혀가 따가울 정도로 산미 가득한 커피는
얼룩말이 많은 아프리카 정도는 가야 마실 수 있을까?

▶ 새하얀 카펫에 커피를 쏟은 아이에게 그 광경은
갑자기 얼룩말이 나타난 것처럼 신나는 장면이었다.
미술관 안 사람들의 눈총은 따가웠지만
아이의 웃음은 찰나의 기쁨 그 자체였다.

'얼룩말'로는 다 나왔다 싶어서, 이번에는 '커피'를 앞으로 보내보았네요. 그랬더니 새로운 문장들이 나오기 시작했어요.

▶ 햇살이 따가운 어느 봄날, 카페 테라스에 앉아
커피 한 잔을 마시고 있는데 어린 얼룩말 한 마리가
내 눈앞을 바삐 지나갔다.

▶ 동물원의 얼룩말이 따가운 햇볕 아래 있는데
제대로 씻지 못한 듯 어둑어둑한 커피색이다.

▶ 따가운 햇볕 아래 차가운 커피를 들고

얼룩말 같은 횡단보도를 건넜다.

▶ 따가운 햇살에 쓰러진 얼룩말을 버리고,

커피를 찾아 나섰다.

이번에는 '따갑다'. '따갑다'라는 단어를 들으면 날씨가 먼저 연상되나 봐요. 햇살과 햇볕에 연결한 경우가 많지만 모두 다른 문장이 나왔네요.

▶ 검정과 하양이 어우러지는 얼룩말 무늬에서

에스프레소 커피와 우유가 섞이는 인상이 보였지만

순간 뒤에서 울려오는 따가운 경적과 함께

그녀는 그대로 관심을 거두었다.

▶ 어릴 적 따갑게만 느껴졌던 커피맛이

이제 윤기 나는 얼룩말의 털처럼 부드럽게 느껴지는 게

비로소 어른이 됐나 보다.

앞선 연결고리가 촉각이었다면 이번에는 청각과 미각에도 '따갑다'를 붙였어요.

혹시 여러분이 쓴 문장과 똑같은 것이 있나요? 같은 단어로 여러 차례 수업을 진행했는데 같은 문장이 나온 적은 단 한 번도 없었습니다. 다른 사람들이 쓴 문장으로 자극을 받았다면 자, 계속해보겠습니다.

새로운 단어 3개를 드립니다. 더 자유롭게, 더 짧게, 더 길게, 더 엉망진창으로 문장을 만들어보세요.

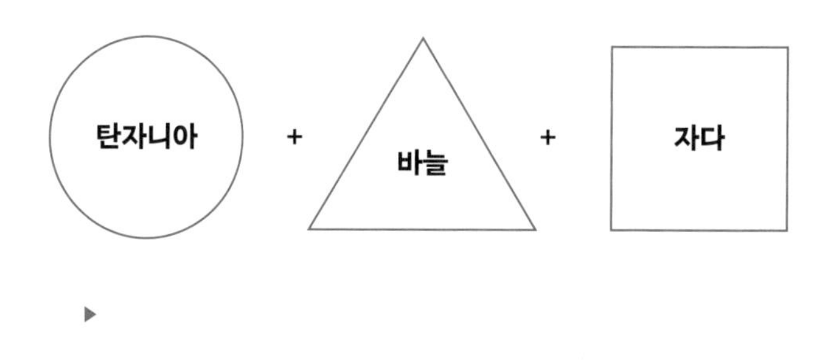


▶

▶

▶

내가 직접 완성하려고 노력했을 때, 다른 사람이 쓴 문장을 보는 재미는 더 커집니다. 혹시 한두 개 쓰다가 포기하셨다면 다시 한번 귀찮음을 떨쳐내보세요.

그럼 이제, 다른 사람들은 어떻게 썼는지 볼까요?

▶ 탄자니아 초원에서의 하룻밤은
바늘 위에서 자는 듯 불편했다.

▶ (단독) 탄자니아 출신 한의사가 바늘로 놔주는 침은
잠든 신경을 깨운다고 알려져

▶ 탄자니아에서 잠자는 사자의 코털을 건드리면
바늘로 찔리는 형벌을 피할 수 없다.

▶ 탄자니아에 있는 한국인은
모래 위의 바늘 찾기만큼 어려울 거라 생각했는데
자다 깬 눈으로 듣는 이 소리는 분명 한국어다.

▶ 탄자니아에서 온 바늘로 한땀 한땀 문양을 새긴 것 같은
이불을 덮고 편안하게 잠에 들었다.

이번에는 가장 자극적인 단어가 '탄자니아'였나 봐요.

▶ 탄자니아 여행을 목전에 두고 계획을 세우느라

잠을 못 잤더니 혓바늘이 잔뜩 돋았다.

▶ 내전이 격화되며 혼란스러운 탄자니아에서
동양인이 공항에서 입국심사를 통과하기란
낙타가 바늘구멍에 들어가는 것만큼 어려웠다.
그는 입국 수속이 끝나기만을 하염없이 기다리며
하룻밤을 공항 의자에서 잘 수밖에 없었다.

바늘 앞뒤로 '혓바늘', '바늘구멍'처럼 단어를 붙여서 써본 사례도 재미있네요.

▶ 서울대 가려면 잠이 올 때 탄자니아산 바늘로
허벅지를 찔러가며 공부해야 한다던데 난 안 가련다.

▶ 그리고 내 옆에는 바늘처럼 뾰족한 털을 가진
탄자니아 고양이가 새근새근 자고 있었다.

▶ 자다가 손가락이 아파서 깼는데, 탄자니아에서 박힌
가시 때문이었고 이것을 바늘로 살살 빼는 데
너무 몰입한 나머지 잠이 다 달아났다.

▶ 문득 LP판의 바늘과 지구본의 위치가 겹치는 곳이
탄자니아라는 곳이라고 확신이 들었을 때,
나는 그대로 잠이 들었다.

▶ 바늘과 실은 함께 움직인다는 속담처럼 나는 너와
탄자니아에 같이 가서 잔지바르 해변에 누워 잘 거야.

'바늘' 하면 생각나는 다양한 각자의 기억을 가져오기도 했고요.

▶ 탄자니아의 오랜 동화들 중 잠든 바람을 바늘로 엮어
꿈조각을 만드는 이야기를 가장 좋아한다.

▶ 탄자니아에서는 우울해하는 사람이 잠든 곁에
바늘을 두는 관습이 있다. 모든 근심과 걱정을
꿈에다 엮어 넣고 오라는 뜻이다.

▶ 바람 잘 날 없는 8남매의 맏이로 태어나
바느질로 동생들을 키워낸 언니에게도 꿈이 있다면
탄자니아에 한번 가보는 것이라고 했다.

▶ 부엌 한 귀퉁이에서 바늘로 옷감을 꿰매다 잠을 자니
탄자니아 시장 바닥에 자리를 펴고 옷을 팔던 때의
꿈을 꾸었다.

가보지 않은 나라, 잘 모르는 곳이라는 의미에 기대어 환상적인 문장을 만들기도 했습니다. 아, 아름답네요. 어

떤가요, 재미있죠? 저만 재미있는 거 아니죠?

이 게임은 특히, 일이나 공부가 아니라 놀이처럼 해보기를 권해드려요. 본격 회의를 시작하기 전에 팀원들과 몸풀기용으로 해보셔도 좋고, 혼자서 버스를 타고 창밖 간판들의 단어를 조합하며 해봐도 좋을 것 같아요. 그러다 기발한 문장이 나오면 기록해두는 것도 좋겠죠. 몇 개의 연습 게임을 더 드립니다.

## 27 + 연기 + 부끄럽다

▶

▶

▶

## 손가락 + 지팡이 + 숨 쉬다

▶

▶

▶

## 미세먼지 + 개미 + 고집

▶

▶

▶

## 산타 + 부처 + 이혼

▶

▶

▶

그럼 이제, 여러분이 일하는 각자의 분야에서 새로운 컨셉의 브랜드를 만든다 생각하고 써볼까요?

식품이라면,

**맛있다 + 최고 + 코뿔소**

▶

▶

▶

맥주라면,

**깊다 + 시원하다 + 10**

▶

▶

▶

## 자동차라면,

**혁신 + 스마트 + 오렌지**

▶

▶

▶

## 해결 단어 하나로 컨셉이 새로워지다

자, 그럼 다시 만수 생명보험으로 가볼까요? 새로운 컨셉의 보험을 생각해오는 것이 미션이었죠?

아무리 새로운 브랜드라 해도 필수적으로 가져야 하는 가치가 있습니다. 카테고리 속성 또는 업태라고도 하는데요. 우리 브랜드가 속한 카테고리에 사람들이 기대하는 기본 가치라 할 수 있죠. 스마트폰이라면 '디자인', '혁신', 화장품이라면 '아름다움', '무해함', 탄산음료라면 '짜릿함', '시원함' 같은 것이 되겠네요. 보험이라면 뭘까요? 보험회사 광고에서 많이 나오는 단어들을 생각해보세요. 산드라, 대니, 마틸다가 말한 '울타리', '방패', '엄마'를 함께 연상해보면 쉽게 나오죠. '안심' 그리고 '믿음'. 하지만 이런 카테고리 속성만 담는다면 쿤이 기대하는 새로운 보험의 모습은 잘 그려지지 않겠죠. 새로운 아이디어가 생각나지 않고 꽉 막힌 기분이 들 때, 틀을 벗어나는 생각이 필요할 때, 바로 그럴 때 우리가 방금 해본 게임을 활용하시면 좋습니다.

머릿속에 우리 브랜드가 속한 카테고리와 최대한 멀리 떨어져 있는 단어를 1개 넣어보세요. 그 단어를 어디서 찾냐고요? 당장 책상에 보이는 것도 좋고, 지금 느껴지는 감각도 좋습니다. 책을 펼쳐서 가장 먼저 보이는 단어도 좋고요. 그냥 아무 생각하지 말고 넣어보세요. '고양이'일 수도 있고 '잔인하다'일 수도 있고, '뜨겁다'일 수도 있겠네요. 뜬금없이 '21' 같은 숫자를 가져와도 좋고 '아프리카' 같은 지역명을 가져와도 좋아요. 카테고리의 핵심 가치가 담긴 단어 2개에 새로운 단어를 하나 더해서 문장을 만들어보세요. 그럼, 보험을 상징하는 '안심'과 '믿음'에 '고양이'를 넣어서 새로운 만수 생명보험의 실마리를 찾아볼까요?

**안심, 믿음 + 고양이**

▶ 우리 집 고양이도 부러워하는 믿음과 안심의 보험.

▶ 안심과 믿음보다 고양이 같은 행복을 주는 보험회사.

▶ 고양이를 안으면 안심이 된다. 이 보험을 들면 믿음직하다.

고양이를 위한 보험을 만들어볼까요? 동물보호에 특화된 보험회사는 어떨까요?

고양이 같은 보험회사는 어떤 회사일까요? 일단 로고가 귀여울 것 같아요. 굿즈를 판매할 것 같기도 하고요. 관련 팝업스토어를 열어도 좋겠어요.

잠이 많고 집을 좋아하며 게으른 사람을 위한 보험 상품은 뭐가 있을까요? 그런 사람들을 타깃으로 하는 보험회사라면 흥미가 생기나요?

'고양이'를 넣었을 뿐인데, 기존의 만수와는 멀어지고 머리가 말랑말랑해지는 기분이 들지 않나요?

이번에는 필수 단어 1개에 새로운 단어를 2개 넣어볼게요.

**안심 + 21, 잔인한**

▶ 기존 보험사에 잔인한 보험 회사 21. 당신은 안심하세요.

- ▶ 인생의 잔인함을 모른 채 안심 중인 당신을 위한 21개의 보험.
- ▶ 21살에게 세상은 잔인하다. 안심을 주는 보험이 필요하다.

기존 보험사에 잔인하다니 파격적인 가격과 혜택을 가지고 있는 것 같네요. 그리고 보험회사의 이름이 21이라니, 일단 호기심이 갑니다.

21개의 상품을 패키지로 파는 보험회사인가요? 어떤 상품들로 구성됐을까요?

21살은 보험에 아무런 관심이 없을 나이인데요. 그럼에도 불구하고 21살을 위한 보험이라니, 어떤 것일까요?

말이 되는 것은 그 이후의 문제예요. 일단은 기존 보험과 달라야 합니다. 한 줄 한 줄 써볼수록 전형적인 보험회사의 이미지에서 한발 한발 벗어나고 있다는 생각이 들지 않나요?

매일 집에서 회사, 회사에서 집만 오가던 사람이 어느 날 복싱장에 등록합니다. 하루의 동선이 집-복싱장-회사로 바뀌었습니다. 중간에 새로운 장소 한 곳이 들어갔을 뿐인데, 하루가 완전히 달라지겠죠. 일단 몸에는 근육

통이 생길 거고요. 퇴근 후에도 이렇게 열심히 운동하는 사람들이 많다는 사실을 알고 자극받게 되죠. 점심시간에 동료들에게 복싱에 대해 이야기하기 시작하고 주말에는 복싱 영화를 찾아볼 겁니다. 얼굴에는 없던 활기가 생기고, 군살이 빠질 수도 있어요. 그렇게 한 달, 두 달 열심히 다녔더니 옆에서 같이 줄넘기를 하던 회원님이 운동 끝나고 커피 한잔 하자고 합니다. 설레네요. 그렇게 1년이 지나면 아마추어 복싱대회에 나갈지도 모르죠. 루틴한 일상에 '한 가지'가 새롭게 들어갔을 뿐인데 짧게는 하루가, 길게는 인생이 바뀔 수도 있습니다.

생각도 마찬가지입니다. 루틴한 단어들 사이에 새로운 단어 한 가지를 넣는 것으로 시작해보세요. 그리고 잘하든 못하든 일단 써보세요. 꽉 막힌 머릿속이 조금씩 환기되면서 같은 자리를 맴돌던 생각들이 점차 새로운 문장들로 바뀔 겁니다. 그리고 낯선 단어를 계속 바꿔가며 쓰다 보면 아주 멀리 가 있는 아이디어를 만나게 될 거예요.

요즘은 AI도 아이디어를 내주죠. 예를 들어 챗GPT에게 "○○브랜드의 카피를 써줘", "혁신과 디자인이라는 개념을 담아서 써줘"라고 하면 몇 초 만에 카피를 수십 개 써줍니다. 그러나 그렇게 쓰인 카피도 명령어에 담긴 단어 조합을 벗어나기는 힘듭니다. 저 또한 보편적인 단어를 넣었을 땐 여러 번 반복해도 마음에 드는 카피를 얻은 적이 거의 없어요. AI에게 카피를 의뢰할 때도 이 게임을 그대로 적용해보세요. 기본 단어 2개에 낯선 단어 1개를 넣어서 카피를 써달라고 해보세요. 새로운 단어 하나만 줬을 뿐인데, 챗GPT의 답변들이 재미있어질 거예요.

2장

# 차별화

# 비슷함 사이에서 경쟁력 찾기

맥주를 너무 사랑해서 주류회사에 들어갔는데
다른 회사와 비슷한 맥주를 개발하라는
임무를 맡게 된 주선인 대리.
어떻게 하면 비슷비슷한 맥주 브랜드 사이에서
차별화된 컨셉의 맥주를 만들 수 있을까요?

# 문제 타조 주류회사에 다니는 주선인 대리입니다

입사한 지 딱 5년이 되는 날이다. 처음 주류회사에 취직했을 땐 나를 잘 아는 사람들부터 술 한잔해본 게 전부인 사람들까지 모두 '덕업일치'라며 축하해줬다. 술에 돈을 쓸 줄만 알았는데 술로 돈을 벌게 되다니 나도 감격스러웠다.

태어나서 먹어본 것 중 가장 맛있는 것이 맥주였다. 입이 짧은 내가 유일하게 앉은자리에서 누구보다 많이 먹을 수 있는 것도 맥주다. 자기소개를 할 때면 나를 키운 것은 3할이 분유, 7할이 맥주라고 말하곤 했다. 대학 시절 친구들이 게임을 하느라 긴긴밤을 지새울 때 나는 옥토버페스트에 가기 위해 편의점 야간 아르바이트를 했다. 4번의 방학이 지나고 진열대에서 4캔에 만 원 하는 맥주로만 봤던 파울라너, 뢰벤브로이, 아우구스티너를 맥주의 본고장 뮌헨에서 맛봤을 땐 지난 노동의 피로가 단번에 싹 씻겨 내려가는 기분이었다. 역시 맥주만 한 노동주가 없지.

옥토버페스트에 가면 전 세계에서 모인 '맥주 덕후'들이 머리를 맞대고 맥주맛에 대해 고품격 토론을 하리라 상상했다. 그런데 잘은 몰라도 세계 각국의 언어로 시끄럽게 떠들고 있는 그 누구도 맥주맛에 대해 이야기하는 것 같지는 않았다. 그저 1리터짜리 거대한 맥주잔을 빠르게 비우며 다음은 무엇을 마실지 주변을 두리번대느라 다들 분주했다. 내가 맥주를 마시는지 맥주가 나를 마시는지 여기가 독일인지 독일이 맥주인지 모르겠는 지경에 이르렀을 때, 나는 술이 깨지 않은 채 한국행 비행기에 올라 있었다.

면접에서는 이런 질문을 받았다.

"주선인 씨는 술 좋아합니까?"

"네. 사랑합니다!"

"사랑하시는구나. 어떤 술을 가장 사랑합니까?"

"맥주를 진심으로 사랑합니다!"

"궁금하네요. 맥주를 진심으로 사랑한다는 것은 어떤 건지."

술 한 모금 마시지 않고 사랑 고백을 하려니 머쓱했지만 그 고백 덕분인지 28개의 회사가 앞다투어 고배를 따라줄 때, 타조 주류회사만 나에게 합격주를 선물했다. 하루키 식으로 말하자면 달리기 후에 마시는 시원한 생맥주 같은 뉴스였다. 그러고 보니 술집 사장님들 치고 나를 싫어하는 사람이 없었지. 역시 술 만드는 사람들은 보는 눈이 있어.

2주간의 그룹교육을 마치고 출근한 첫날, 나는 마케팅 본부 소주팀에 배정이 됐다. 소주팀? 이게 무슨 말이지? 당연하게도 주류회사에서는 다양한 종류의 술을 제조하고, 타조 주류회사도 마찬가지로 맥주, 소주, 저도수주, 위스키 등 도수별, 재료별로 온갖 종류의 브랜드를 가지고 있었다. 사실 타조는 소주로 성장한 회사다. 우리나라에서 가장 많이 팔리는 '생소주'가 타조 제품이고 회사 수익의 대부분을 생소주가 낸다고 해도 과언이 아니다. 다만 문제는 내가 소주를 마시지 않는다는 것이었다. 이렇게나 맥주를 사랑하는 사람을 소주팀으로 보내다니, 회사라는 곳은 역시 만만치가 않구나 싶었다. 소주 한잔 들이켠 듯 입이 쓴데, 오히려 동료들은 가장 잘나가는 팀에 들어갔다고 부러워했다.

"선인아, 좋겠다. 너는 1등 브랜드 맡은 거잖아. 주류회사 들어왔다고 좋아했는데 나는 제일 브랜드력 떨어지는 맥주팀이야. 망했어."

"은우야, 망했다니 그게 무슨 말이야. 타조의 리라스맥주는 말이야. 우리나라 라거 중에서는 가장 맛이 풍부하고 깊은 올몰트 맥주로서…."

"됐어. 나는 사람들이 다 아는 브랜드 맡고 싶단 말이야."

"대한민국에서 리라스를 모르는 사람이 어디 있냐. 그 말은 좀 너무했다."

"다 아는데 안 마시잖아. 그게 더 문제야."

"그건 그렇긴 한데… 리라스는 진짜 안 긁은 복권 같은 맥주인데…."

"됐어. 생소주는 이미 1등 당첨된 복권이잖아."

"그럼 뭐 하니, 내 심장은 소주에 뛰지 않는데…."

"선인아. 병원 가봐."

그렇게 나는 5년 동안 소주와 동고동락하며 물보다도 소주를 더 많이 마셨다. 그다음으로 많이 마신 것은 순댓국이다. 입사 전의 나는 맥주 같은 사람이었다. 흥 많고 시원시원한 사람. 하지만 입사 이후 점차 소주 같은 사람으로 변했다. 사연 많고 욱하는 사람. 재주도 생겼다. 한 손으로도 소맥을 말 수 있게 됐고 눈 감고도 삼겹살을 열 맞춰 구울 수 있게 됐다. 아침부터 코는 빨갛게 빛났고 대리 1년 차임에도 부장급으로 보는 사람들이 많아졌다. 약하지도 않고 그렇다고 세지도 않은 16도의 인간, 평범한 대한민국 직장인이 된 것이다.

그리고 입사 5년 차가 되던 바로 그날, 출근하니 인트라넷에 발령 공지가 떠 있었고 내 이름이 그곳에 있었다.

**부서 이동**

주선인 대리 (구) 마케팅 본부 소주 브랜드팀

→ (현) 마케팅 본부 맥주 브랜드팀

내가 맥주를 맡게 되다니. 내가 맥주라니…! 지난 5년이 주마등처럼 스쳐가며 울컥한 기분이 되어 모니터를 쳐다보고 있는데 누군가 어깨를 톡 쳤다.

"오, 대리님 드디어 소원 푸셨네요? 이제 소주 졸업이신 거예요?"

"아… 수연 씨, 너무 갑작스러워서… 왜 저만 발령이 났는지 모르겠어요. 제가 소주팀 핵심인재잖아요."

"대리님이요? 팀장님은 제가 핵심인재라고 하시던데요?"

"그건 팀장님 생각이시고… 상무님 생각은 다르실 수도…?"

"주선인 대리, 이제 겨우 소주맛 좀 안다 싶었는데 혼자 탈출이야?"

"차장님, 저도 어리둥절해요. 저 방출이에요?"

"김진영 팀장님한테 못 들었어? 맥주팀 이번 신규 프로젝트에 주선인 씨가 적임자라고 상무님한테 꼭 좀 보내달라고 직접 조르셨다던데?"

"신규 프로젝트요? 그게 뭔데요?"

"오~ 대리님~ 김진영 팀장님이랑 친한 사이셨어요?"

"아뇨, 저번에 회식하다가 옆자리에서 술 한잔한 게 단데…."

김진영 팀장님은 입사 이후로 22년째 맥주팀에만 계신 맥주팀의 터줏대감이다. 10년 전, 한국에는 없던 진하고 풍미 좋은 맥주, 진짜 맛있는 맥주를 만들겠다는 꿈을 품고 누가 시키지도 않았는데 3년간 맥주에 관한 온갖 논문을 찾아보고 팀장님과 본부장님을 설득해 일본과 유럽, 미국의 맥주 장인들을 찾아가 매달려서 인터뷰를 했더랬다. 그러고는 다시 한국의 소비자 1,000명을 직접 만나 그들이 바라는 맥주에 대해 듣고 분석한 이야기는 직장 무협지라 해도 될 정도다. 그렇게 쓴 보고서는 우리 회사 신제품 개발의 바이블이 되었다. 그러나 김진영 팀장님의 피, 땀, 눈물로 탄생한 리라스맥주의 시장 반응은 냉장고에서 갓 꺼낸 맥주처럼 차가웠다. 대표님도 김 팀장님의 노력을 지켜본 사람으로서, 국내 맥주 시장이 워낙 가벼운 맛의 맥주만 선호하니 이런 진한 맥주로는 중박만 쳐도 성공이라고 격려했다. 하지만 결과는 중박은 커녕 쪽박. 회사에서도 투자 대비 성과가 좋지 않아 해마다 손해가 극심한데, 리라스의 맛만큼은 전문가들이 모두 인정하는 터라 죽이지도 살리지도 못한 채 애물단지가 됐다. 김진영 팀장님은 원래도 주류회사 사람답지 않게 허허실실이 없는 성격이었는데 이 프로젝트 이후 겨울을 나는 나무처럼 고요해졌다고 했다.

그런 김 팀장님이 신규 프로젝트를 시작한다고? 그 프로젝트의 적임자로 나를 꼽았다고? 심장이 간질간질한 게 마치 빈속에 소주를 원샷한 것 같았다. 아니다. 이제 이런 생각도 접어야지. 나는 이제 소주인이 아니잖아. 혼자 고개를 젓고 있는데, 김진영 팀장님 목소리가 들렸다.

"주선인 대리님, 저 좀 잠깐 볼래요?"

1층 커피숍에서 팀장님과 마주 앉았다. 온화한 표정에서 나오는 작은 목소리가 매우 또렷하게 들렸다.

"놀랐죠? 갑자기 팀 이동이 돼서."

"네. 놀라긴 했는데, 사실 좀 기뻤어요."

"왜요?"

"제가 어렸을 때부터 맥주를 진짜 좋아했거든요. 입사하고도 당연히 맥주팀에 갈 줄 알았는데…."

"선인 씨가 맥주 러버라는 건 우리 회사 사람들 다 알죠. 나도 알고요. 소주팀에서 힘들진 않았어요?"

"많이는 아니고 조금요. 저는 사실 소주맛을 아직도 모르거든요. 특유의 화학적인 냄새도 싫고. 맛이 좀 폭력적이라고 할까요? 그런데 그걸 제가 팔아야 하니까…."

"그래도 엄청 열심히 하던데 어떻게 이겨냈어요?"

"그게… 우리나라 사람들은 보통 1차에서 소맥을 마시잖아요. 저는 회사 들어오기 전엔 소맥 반대파였어요. 맥주가 얼마나 맛있는데, 거기에 소주를 타는 게 용납이 안 되더라고요."

"강경한 맥주파였네요."

"네. 그런데 소주를 마셔야 하니까 기댈 게 소맥밖에 없더라고요. 이게 맞는 비유인지 모르겠지만 미국 유학 가기 전에 필리핀으로 어학연수 가는 사람들 있잖아요. 같은 동양권이니까 마음도 편하고 체류비도 싸고 날씨도 좋고 거기다 영어도 배울 수 있고… 저한테 소맥이 딱 필리핀 같았어요."

"소맥이 필리핀이라…."

"네. 미국을 갑자기 가려면 무섭고 멀어서 부담스럽지만 필리핀은 한번 가볼 수 있잖아요. 갑자기 소주를 원샷하려면 거부감 드는데 소맥은 한번 마셔볼 수 있고요. 소맥도 맥주니까."

"바로 그거예요. 내가 선인 씨를 우리 팀으로 부른 이유."

"네?"

"방금 한 말, 다시 한번 해볼래요?"

"소맥이 필리핀이다…?"

"아니, 마지막에 한 말."

"제가 무슨 말을…."

"소맥도 맥주다. 소맥도 맥주라고 했어요. 선인 씨가."

"네…."

"내가 리라스 실패 이후 10년 동안 생각하다가 깨달은 게 바로 그거거든요."

"리라스는 실패가 아닌데…. 아, 뭘 깨달으셨어요?"

"소맥도 맥주다. 나는 반년 안에 소맥에 가장 잘 어울리는 맥주를 만들 거예요. 선인 씨가 왜 이 일에 적합한지 아세요?"

"맥주를 사랑하고, 소주도 좀 아니까요…?"

"아뇨. 지난달에 회식 자리에서 나랑 술 한잔했죠? 그때 선인 씨가 말아줬던 소맥을 기억해요. 내가 마셔본 소맥 중 가장 맛있었어요."

"아…."

"나는 맥주나 소주가 아니라 소맥을 잘 아는 사람이 필요해요."

아프다. 김 팀장님의 조곤조곤한 목소리는 탱크 같았다. 탱크가 맥주 애호가의 순정을 밟고 지나간다. 소주에 바친 5년 커리어의 자존심을 무참히 박살 낸다. 맥주도 소주도 아닌 소맥 전문가로서 인정받다니. 내 손으로 수천 번 말았던 소맥 회오리가 가슴에 몰아치는 기분이었다. 안 돼. 3차에 잡혀가도 정신만 차리면 된다. 정신 차리고 반박할 논리를 찾자. 소맥에 어울리는 맥주는 한국에 차고 넘친다. 대한민국 식당의 냉장고에 가득한 맥주는 모두 탄산이 세고 가벼운 소맥을 위한 맥주다. 그런 맥주가 하나 더 나와 봐야 사람들이 지금까지 잘 마시던 맥주를 버리고 갈아탈 이유가 없다. 소맥용 맥주가 타조주류회사에 도움이 될 리가 없다. 이건 승부수가 아니라 패배수다.

"뭔가 결연해 보이는 표정이네요."

"팀장님, 저는 소맥용 맥주로는 대한민국 맥주 시장에서 차별화가 힘들다고 생각해요."

"소맥용 맥주를 만들 거지만 대한민국 그 어떤 맥주와도 다른 맥주를 만들 거예요."

"그게 가능한가요?"

"우리가 가능하게 만들어야죠. 소맥하면 어떤 맥주가 떠오르죠?"

"카스, 테라."

"둘의 차이점은요?"

"투명한 병, 초록색 병…?"

"그리고요?"

"없지 않나요?"

"숙제예요. 다음 주까지 카스와 테라의 차이점을 50개 써오세요."

"50개요?"

"그 50개를 찾으면 우리도 남들과 다른 맥주를 만들 수 있을 거예요."

도대체 뭐가 다른 거야?
골목에 커피숍이 3개 있는데 유독 한 커피숍만
잘되는 경우를 보신 적이 있을 거예요. 인테리어도 커피맛도
비슷비슷한데 왜 한 곳에만 줄을 서는 걸까요?
이처럼 비즈니스의 세계에서는 종이 한 장 차이로
성공과 실패가 나뉩니다. 종이 한 장 차이. 주선인 대리처럼
종이 한 장 차이를 만들어내야 하는 분들에게
'집요하게 한 끗 찾기' 게임을 추천합니다.

## 게임 집요하게 한 끗 찾기

〈인생 첫 카피〉 강의에는 퇴근하고 오시는 직장인들이 많습니다. 회사에서 엑셀과 숫자, 기안과 싸우다가 갑자기 창의적인 문장을 쓰려고 하면 모드 전환이 쉽지 않죠. 머리가 굳은 것 같다는 하소연을 많이 듣습니다. 머리는 왜 굳는 걸까요? 말을 배우던 순간부터 그 말을 자유자재로 사용하며 공부하고 일하는 지금까지 논리적으로 생각하고 정확하게 표현하기 위해 노력해왔기 때문이죠. 그 결과, 자연스럽게 1 다음에는 2가 생각나고 엄마 다음에는 아빠가 생각나버립니다. '여름' 다음에는 '덥다'가,

'겨울' 다음에는 '춥다'가 따라오죠. 그런데 아이디어는 이 매끄럽고 부드러운 생각의 흐름이 깨져야 나옵니다. 어떻게 하면 논리정연한 머릿속을 전복시킬 수 있을까요? 머릿속을 흔들어주는 몇 가지 문장들을 가지고 왔습니다.

"용기란 무엇일까요?"

> 용기란 두렵지 않은 것이 아니라
> 두려움에도 불구하고 하는 것이다.

-엠브로즈 레드문, 미국 시나리오 작가

"좋은 가전제품 디자인이란 어떤 것인가요?"

> 집 안에서 선풍기가 가장 빛날 필요는 없습니다.
> 거주하는 사람이나 테이블, 또는 의자처럼 주인공이
> 될 수 있는 존재는 아주 많습니다. 어느 순간부터
> 가전제품이 사람이나 다른 물건에 비해
> 더 존재감을 가질 필요는 없다는 생각이 들었습니다.
> 반대로 그 존재감을 억눌러야 한다고 생각했죠.

-모리야마 히사코, 《0.1밀리미터의 혁신》, 다산4.0

"어떤 결정이 가장 옳은 결정일까요?"

일단 결정을 내리는 것이 옳은 결정이다.

-메레디스 그레이, 드라마 〈그레이 아나토미〉

"어떻게 하면 날 수 있을까요?"

사랑하는 사람만이 날 수 있다.
그렇지만, 누가 그토록 사랑하는가?

-미겔 에르난데스, 《비행》

"가장 멀리 가본 여행은 어디인가요?"

나와 필립한테 너는 가장 멀리서 온 손님이니까
우리 둘은 오늘 가장 먼 나라로 여행을 간 거야.

-노윤주, 《다정한 사람에게 다녀왔습니다》, 바이북스

(네… 제가 쓴 책입니다….)

"돈이 많으면 뭐가 좋을까요?"

돈이 갖는 엄청나게 강력한 장점을 경험하게 됐다.
바로 돈 말고 다른 것에 대해 생각할 수 있는
능력을 갖게 된 것이다.

-타라 웨스트 오버, 《배움의 발견》, 열린책들

"무엇이 천한 것일까요?"

영옥이 너는 조선인이 일본인보다 천하다고 생각하니?
내가 고개를 젓자 아저씨는 진짜 천함은
인간을 그런 식으로 천하다고 말하는
바로 그 입에 있다고 말했다.

-최은영, 《밝은 밤》, 문학동네

"1억이 있다면 뭘 사고 싶으세요?"

살 수만 있다면 사랑을 사고 싶다.

-배우 임현식, 〈GQ〉

책을 읽다가 또는 영화나 SNS를 보다가 좋은 문장이 나오면 따로 메모해두는 분들이 많죠. 매우 좋은 습관입니다. 그 습관을 그대로 활용해서, 앞으로는 좋은 문장 중에서도 '이렇게 생각할 수도 있구나' 하고 고정관념을 깨주는 문장을 만나면 따로 저장해보세요. 머리를 말랑하게 만드는 문장이라고 해볼까요? 그런 문장들을 모아두고 아이디어를 내기 전에 한번 쓱 읽어보세요. 인생의 우선순위가 바뀌고, 진짜 중요한 것이 무엇인지에 대한 생각이 바로 서고, 견고했던 기준이 흔들릴 때 머리가 말랑말랑해집니다. 쉽게 자주 꺼내 쓰던 생각들은 밑으로 가라앉고 저 깊숙한 곳에 있던 생각들이 수면 위로 올라올 때, 바로 그때가 좋은 컨셉을 쓸 최적의 상태입니다. 자, 그럼 두 번째 게임으로 가볼까요?

두 번째 게임은 '집요하게 한 끗 찾기'입니다. 한때 교집합 찾기가 유행했죠. '평행이론'이라고도 하고요. 타인과 나의 공통점을 발견하면서 친밀도를 높이는 겁니다. 우리는 반대로 해볼 건데요. A와 B를 두고 서로 다른 점을 찾아보는 거예요. 집요하게 차이점을 찾아서 A와 B의 친밀도를 깨부수는 것입니다. 이 게임이 왜 컨셉 라이팅에 도움이 될까요?

라면으로 예를 들어 설명할게요. 저는 죽기 전에 마지

막으로 무엇을 먹고 싶냐고 물으면 라면이라고 대답할 정도로 라면을 좋아합니다. 우리나라에 출시된 라면 브랜드는 500개가 훨씬 넘겠죠. 라면을 좋아하지만 블라인드 테스트를 한다면 맞힐 자신이 없어요. 매운맛 라면만 해도 100개는 될 테니까요. 그런데도 우리나라 사람들은 매운맛 라면을 좋아하니 시장이 레드오션임에도 새로운 매운맛 라면이 등장합니다.

자, 여러분은 새로 나온 매운맛 라면의 마케팅 담당자입니다. 이름만 다를 뿐 거의 똑같아 보이는 이 제품, 어떻게 팔아야 할까요?

마케팅은 내 브랜드의 차별점을 발견하는 것에서 시작합니다. 그것을 발견하기 위해 우리가 두 번째 게임을 하는 것이고요. 라면만이 아니에요. **엄청나게 획기적인 제품이 나오지 않는 이상, 경쟁자와 나의 차이는 언제나 종이 한 장 차이거든요.**

에이스침대 vs 시몬스침대

한국타이어 vs 금호타이어

칠성사이다 vs 스프라이트

팔도비빔면 vs 배홍동

카스 vs 테라

이렇게 비슷한 브랜드 사이에서 차이점을 발견해보겠습니다. 자, 연습 게임입니다.

**설렁탕 vs 갈비탕**

한국인이 사랑하는 국밥, 설렁탕과 갈비탕의 차이점을 말해보세요.

하얗다 / 투명하다

네. 국물 색깔이 다르네요.
또 하나 해볼까요?

진하다 / 맑다

국물로 시작했으니까 하나 더 나올 수 있겠죠.
또 해볼까요?

고기가 얇다 / 고기가 두껍다

부들부들 / 쫀득쫀득

이번에는 탕에 들어간 고기의 차이점을 짚고 있네요. 또 생각나는 거 있으세요?

소면 / 당면

소금 / 간장

이번에는 부속품이네요. 설렁탕에는 소면이 들어가고, 갈비탕에는 당면이 들어가죠. 설렁탕 그릇 옆에는 소금이, 갈비탕 그릇 옆에는 간장이 있고요.

감이 좀 오세요? 이렇게 해보는 거예요. 이번에는 난이도를 조금 높여서 좀 더 비슷한 예시에서 차이점을 찾아봅시다.

**친구 vs 동료**

친구와 동료의 차이점을 말해보세요.

학교 / 회사

맞습니다. 바로 생각나는 거죠.

같은 노는 / 같이 일하는

네, 이런 차이도 있고요.

평생 가는 / 몇 년 가는

쓸쓸하지만 이렇게도 말할 수 있고요.

적다 / 많다

이것도 사실이네요.

친한 / 찐한

찐한 / 짠한

이런 식으로 운율을 맞춰서 생각해보는 건 어떤가요?

더 생각나는 게 있으면 써보세요.

▶

▶

▶

생각이 막히면 다른 카테고리로 이동해서 연상해보세요. 저는 이것을 '생각 기둥'이라고 표현합니다. 예를 들어 '촉감'이라는 생각 기둥을 하나 세워 연상해보는 겁니다. 여기서 친구 하면 생각나는 촉감, 동료 하면 생각나는 촉감 3~4개가 나오면, 그다음에는 다른 기둥으로 옮겨가는 거예요. '음식'은 어떤가요? 친구 또는 동료 하면 생각나는 음식은 무엇인가요? 여기서 몇 개가 떠오르고 생각이 막히면 다른 기둥으로 이동합니다. '노래'는 어떤가요? 어떤 분들은 한 가지 생각 기둥을 깊고 깊게 파고드는 것을 좋아한다면 어떤 분들은 생각 기둥을 여러 개 만드는 걸 좋아하기도 합니다. 여러분은 어느 쪽을 선호하시나요? 물론 둘 다 잘한다면 좋겠죠.

자, 촉감부터 가볼게요. 친구와 동료를 촉감으로 비교한다면,

포근한 / 서걱서걱한

▶

▶

▶

이번에는 음식. 친구 하면 생각나는 음식, 동료 하면 생각나는 음식은 무엇인가요?

맥주 / 소주

소주 / 와인

맥주 / 커피

각자의 생각에 따라 다르겠죠? 여러분의 생각은 어떤가요?

친구 하면 생각나는 노래는? 동료 하면 생각나는 노래는?

친구 하면 생각나는 연예인은? 동료 하면 생각나는 연예인은?

친구 하면 생각나는 운동은? 동료 하면 생각나는 운동은?

이렇게 꼬리에 꼬리를 물고 생각 기둥을 바꿔가며 차이점을 찾아보는 거예요. 재미있나요? 자, 그럼 직접 게임을 해봅시다. 이 게임은 스스로 해봐야지만 질문이 떠오르고 고민이 생기거든요.

여행과 휴가의 차이점을 50개 써보세요.

앉은자리에서 끝내려 하지 말고, 일하다가 중간중간 생각날 때 10개, 지하철에서 10개, 혼자 밥 먹을 때 10개, 이렇게 틈틈이 쪼개서 생각해보세요. 장소와 시간이 바뀌면 생각나는 것도 달라지거든요. 오래 걸려도 괜찮으니 꼭 끝까지 해보세요. 파이팅입니다.

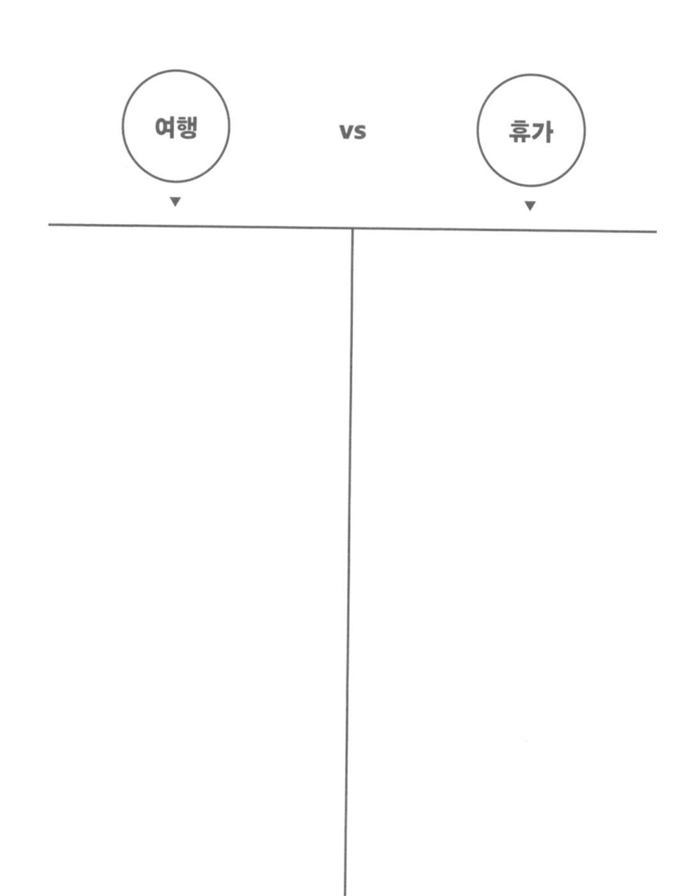


50개 모두 써보셨나요? 진짜 해보셨죠? 그럼 이제 다른 사람들은 어떻게 썼는지 봅시다. 재미있는 발견이 아주 많습니다. 생각 기둥별로 분류할게요.

생각 기둥 1. 나는 직장인이다

아무래도 직장인분들이 많으셔서, 직장인 입장에서 쓰신 것이 먼저 쏟아졌어요.

**여행 vs 휴가**

자의 / 타의

미승인 / 승인

내가 주는 것 / 회사가 주는 것

마음의 수락 / 회사의 수락

자유 / 권리

돈 주고 가는 휴식 / 돈 받고 가는 휴식

Out of House / Out of Office

야무지네요. 일을 잘하는 분들 같고요. 같은 생각 기둥에서 나왔는데도 표현법이 저마다 다르죠. 이런 지점이 재미있습니다. 한 가지 생각 기둥을 깊게 파고들다 보면 다음과 같은 생각에 다다릅니다.

가족 얼굴 생각나고 / 팀장님 얼굴 생각나고

끝은 새로운 관점 / 끝은 새로운 업무

너무 좋죠. 처음에는 직장인의 마음에서 여행과 휴가가 무엇이 다른지 가볍게 생각했다면, 그다음부터는 휴가나 여행 중인 나는 어떠한지 생각하셨을 것 같아요. 그다음에는 '여행이나 휴가가 끝날 때의 나는 어땠지?'라고 생각하신 듯합니다. 정말 근사한 생각의 전개죠. 연차의 끝에 팀장님 얼굴을 떠올린 예시를 보고 팀장인 저는 팀원들 생각이 나서 진땀도 나고 웃음도 났어요. 다른 사람들의 생각 기둥을 보니 새로운 생각이 떠올랐나요? 그럼 바로 적어보세요.

▶

▶

▶

자, 다 적었다면 다음 기둥으로 가봅시다.

### 생각 기둥 II. 장소

네, 역시 좋은 기둥이죠. 쉽고 재미있게 생각할 수 있을 것 같습니다. 여행과 휴가를 보내는 장소는 어떻게 다른가요?

**여행 vs 휴가**

산과 바다 / 병원과 은행

진짜 몰디브에서 모히또 한잔 / 집에서 그 영화 보기

마일리지가 쌓이고 / 체력이 쌓이고

국립공원 / 테마파크

출발지 목적지 다를 수 있고 / 출발지 목적지 다를 수 없다

첫 줄부터 울고 계세요? 왜요, 직장인이 불쌍한가요? 우리는 행복한데요? 그렇게 안 보인다고요? 여러분이 생각하는 여행과 휴가의 장소는 어떤지 써보세요.

▶

▶

▶

생각 기둥 III. 속도와 기간

설명이 필요 없는 기둥이 나왔습니다. 여행에서의 시간이 빠를까요, 휴가 중의 시간이 빠를까요? 시간이 흐르는 느낌은 어떻게 다른가요?

**여행 vs 휴가**

짧다 / 더 짧다

짧은 인생 / 긴 주말

모래시계 / 시한폭탄

화살 / 총알

악보 / 마디

영화 / 다큐멘터리

영화 / 드라마

넷플릭스 / 유튜브

길어도 좋다 / 길수록 좋다

역시 기가 막힌 인사이트들이 나왔습니다. '길어도 좋다 / 길수록 좋다'라는 예시에서 저는 좀 멍해졌어요. 미묘하지만 확실한 차이가 느껴지시나요? 여행은 좀 길어져도 괜찮죠. 여행이라고 썼지만 인생의 도전일 수도, 외유일 수도 있을 것 같습니다. 여행이란 무엇인지 여러 생각을 하게 만드는 문장이에요. 그런데 휴가는요? 길수록 땡큐죠, 뭐. 깔끔하네요. 속도와 기간에 대해서 미처 생각해보지 못했다면, 여러분도 한번 써보세요.

▶

▶

▶

## 생각 기둥 IV. 특별함의 정도

정말 재미있게 읽은 기둥이에요. 여행과 휴가 모두 특별한 이벤트이지만 그래도 정도의 차이는 있죠. 뭐가 더 특별한가요? 특별하다면 어떻게 특별한가요? 특별한 이유는 무엇인가요?

**여행 vs 휴가**

상상 / 현실

즉흥적 / 계획적

예상 밖 / 예상 안

SNS 공유함 / 공유 안 함

사진 찍음 / 안 찍음

다회용 추억 / 일회용 기억

인생의 사건 / 일상의 사건

꿈도 못 꾼다 군인은 / 꿈꾼다 군인은

기념품 있음 / 기념품 없음

여행으로 인생이 바뀌었다는 사람은 많지만 / 휴가로 인생이 바뀌었다는 사람은 없다 그렇죠. ‘휴가=연차’라고 생각하면 설명하지 않아도 쉽게 이해할 수 있습니다. 여행을 다녀와서의 사진첩과 휴가를 다녀와서의 사진첩만 비교해봐도 확실하게 나타나잖아요. 저는 ‘기념품 있음 / 기념품 없음’에서 크게 웃었습니다. 맞죠. 연차 보내고 와서 기념품 들고 오는 사람은 없잖아요. 이처럼 모두가 이미 알고 있지만, 깨닫지 못하고 있는 것. 그것이 바로 광고 만드는 사람들 모두가 찾고 싶어 하는 인사이트입니다.

‘기념품의 유무’도 정말 짜릿한 인사이트죠. ‘인생의 사건’과 ‘일상의 사건’은 또 어떤가요? 운율까지 맞춰서 더욱 아름답네요. 또 있어요. ‘여행으로 인생이 바뀌었다는 사람은 많지만 / 휴가로 인생이 바뀌었다는 사람은 없다’는 이 문장 그대로 여행사 또는 여행 플랫폼 광고에 쓰고 싶은 카피입니다. 여행을 떠나야 하는 이보다 강력한 자극은 없으니까요.

예시를 더 살펴봅시다. ‘여행과 휴가 중에 뭐가 더 특별하지?’라는 생각을 깊게 파고들었더니 이런 감각적인 표현도 나왔습니다.

경험이 선명 / 경험이 은은

도파민 / 세로토닌

톤인톤 / 톤온톤

Perfume / Cologne

고급스럽네요. 세련된 라이프스타일을 즐기시는 분들 같아요. 이런 분들이 제 강의를 들으셨다니 자랑스럽습니다.

자, 좋은 인풋이 있으면 좋은 아웃풋이 있습니다. 여러분의 여행과 휴가는 어떤 점이 특별한지 한번 써보세요.

▸

▸

▸

### 생각 기둥 V. 충전과 효과

어떤 사람이 여행을 가고 휴가를 낼까요? 가는 이유는 뭘까요? 다녀오면 어떤 상태가 될까요? 어디서 짠내 나지 않으세요? 여깁니다.

**여행 vs 휴가**

마음 충전 / 체력 충전

체력왕이 / 체력거지가

에너지 발산 / 에너지 충전

숨 돌리기 / 숨 쉬기

비타500 / 링거

영양제 / 처방제

낙원 / 구원

살아보는 거야 / 살고 보는 거야

맞아요. 여행도 에너지가 있어야 가죠. 여행 갈 여유도 없는 사람은 휴가를 갑니다. 그래서 여행은 낙원이지만 휴가는 구원이고 여행은 영양제지만 휴가는 처방제에요. 그래서 여행은 살아보는 거지만, (잠시 울고) 휴가는 살고 보는 거네요. 인생 배우고 갑니다. 여러분도 써보세요.

▶

▶

▶

### 생각 기둥 VI. 기둥을 넘어

마지막으로 기둥과 관계없이 이마를 쳤던 발견을 모아 봤어요.

**여행 vs 휴가**

꿈 / 잠

마음을 먹어야 하고 / 마음을 없애야 하고

쥐라고 하고 / 놓으라 하고

들어가기 / 벗어나기

설레임 / 더위사냥

새로운 음식(술)을 먹고 / 제일 좋아하는 음식(술)을 먹고

지치기 마련 / 지루해지기 마련

새로운 나의 발견 / 익숙한 나의 회복

다시 봐도 좋네요. 설레임과 더위사냥으로 비교하신 분에게 뭐가 먼저 생각났는지 물어봤어요. '휴가 하면 여름휴가, 여름이면 더우니까 더위사냥?' 이런 연상을 하다가, '만약 휴가가 더위사냥이라면 여행은 뭘까? 아… 설레임?' 이렇게 생각하고 흡족하셨다고 했어요. 저도 흡족

합니다.

한 단계 더 나아가 볼까요?

여행과 휴가의 차이를 '누구에게' 말할 건지 정하고 써 보는 거예요. 여덟 살 아이에게 이 차이를 설명한다면 어떻게 말할 수 있을까요?

**여행 vs 휴가**

주말에 엄마아빠랑 강원도 할머니댁에 가는 거야. / 평일에 학교에서 왔는데 엄마아빠가 집에 있는 거야.

새로 산 옷을 입고 가는 곳마다 사진을 찍는 거야. / 늦잠을 자고 일어나 놀이터에 가는 거야.

계속 걸어다녀야 돼. / 걷고 싶은 만큼만 걷는 거야.

네가 좋아하는 것을 찾아다녀 볼래? / 네가 제일 좋아하는 것을 해볼까?

수영장에 가는 거야. / 목욕탕에 가는 거야.

'니모를 만나러' 가는 거야. / 〈니모를 찾아서〉 보는 거야.

할머니가 보고 싶을 거야. / 할머니를 보러 가는 거야.

너무 사랑스럽네요. **'누구에게 말할 것인가'라는 '타깃'이 정해지면 이렇게 달라질 수 있습니다.** 아이디어를 낼 때도 마찬가지입니다. 항상 타깃이 누구인지를 염두에 두고 생각해야 합니다.

이번에는 시즌을 넣어볼까요? 지금이 겨울이라고 생각하고 차이를 발견해보세요.

**여행 vs 휴가**

온천 속으로 / 이불 속으로

따뜻한 사케 / 뜨거운 코코아

술과 소설책 / 귤과 만화책

눈 축제 / 눈싸움

한겨울에 맞이한 여행과 휴가라면, 평소의 생각과는 또 다른 것들이 연상되죠. 이것이 '시즈널리티'입니다. 아이디어를 낼 때 이 콘텐츠가 어느 계절에 나가는지 또는 추석이나 크리스마스처럼 특별한 시즌을 앞두고 있는지 염두에 두어야 하는 이유입니다. 여러분도 한번 생각해보세요.

내 브랜드를 위한 아이디어를 낼 때, 경쟁사와 비교해서 우리의 좋은 점을 생각해야겠다고 마음먹으면 의외로 좋은 생각이 떠오르지 않을 때가 많습니다. 앞서 여행과 휴가의 차이를 썼던 것처럼 **어느 쪽에도 무게중심을 두지 말고 '더 좋은 점'이 아니라 '서로 다른 점'만 발견해보세요.** 어떤 때는 여행의 더 좋은 점이 발견되고 어떤 때는 휴가의 더 좋은 점이 발견되겠죠. 하지만 더 좋은 것과 더 나쁜 것을 벗어나 '여행다운 것'과 '휴가다운 것'을 발견할 때 1차원적인 생각을 넘어 입체적인 아이디어가 샘솟을 거예요.

먹고 마시고 자고 노는 모든 것을 다 포함해서 여행을 제안하는 '클럽메드'라는 여행사가 있는데요, 저는 이 여행사의 광고 카피를 참 좋아합니다.

무엇이든 할 자유, 아무것도 안 할 자유

클럽메드

이런 인사이트로 가득한 카피는 그냥 쓰려고 하면 도저히 못 쓸 거 같죠. 그런데 여행과 휴가의 차이점 50개를 쓰다 보면, 이런 아이디어도 충분히 나올 수 있습니다. 일단 차이점 50개를 써보세요.

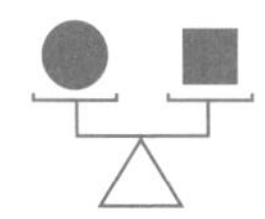

마케터가 아니더라도 '집요하게 한 끗 찾기'는 자신만의 글을 쓰고 싶은 분, 자신만의 시각을 갖고 싶은 분들에게도 도움이 됩니다. 게임을 이어가 볼까요?

짜장면과 짜장라면의 차이는 무엇일까요?

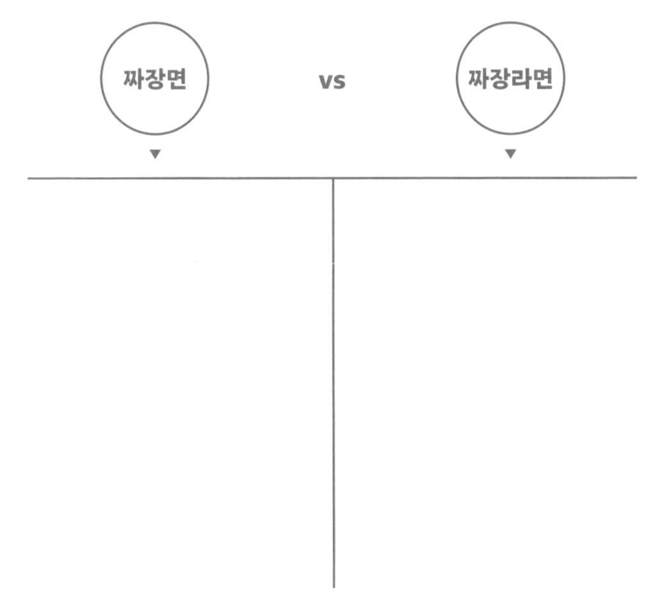

둘 다 봄이긴 봄인데, 3월과 4월의 차이는 무엇일까요? 50개씩 쓴다고 생각하고 최대한 많이 써보세요.

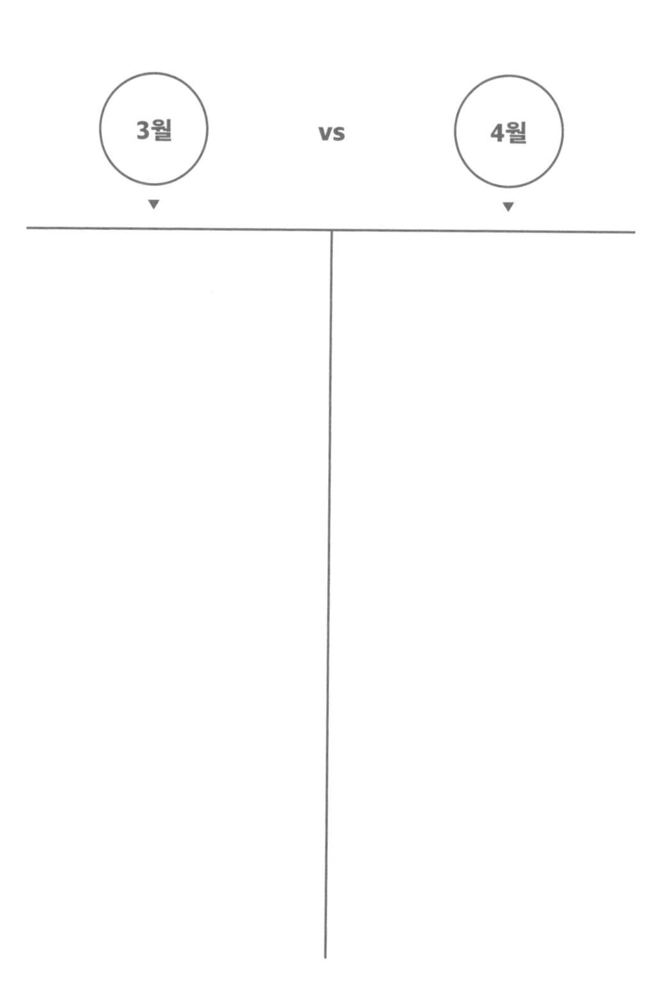

둘 다 씻는 건데 샤워와 목욕의 차이는요?

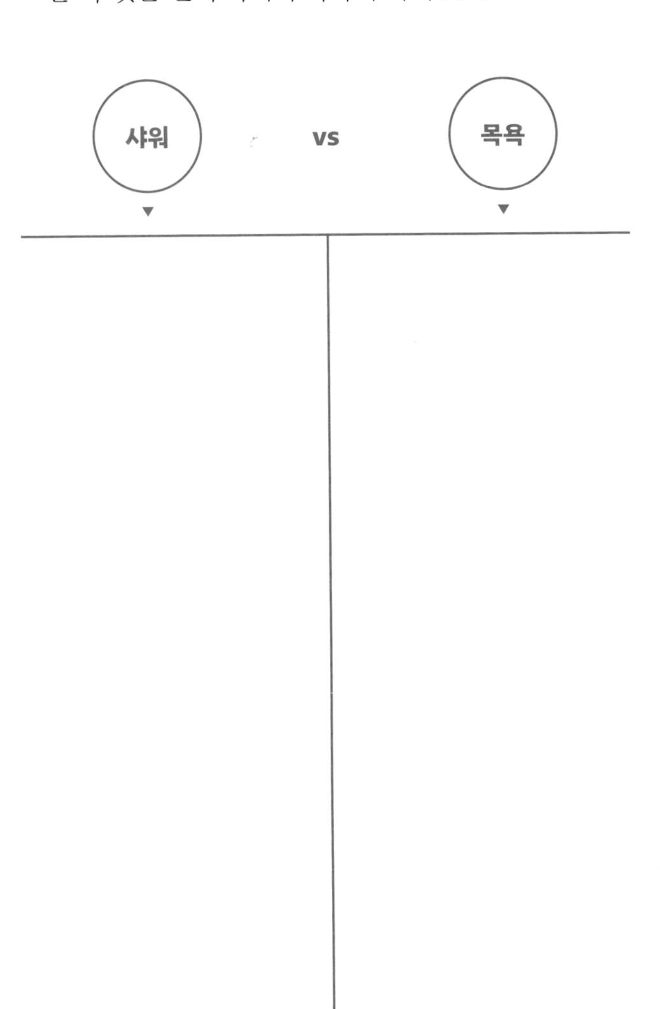

둘 다 따뜻한 느낌의 색인데 주황색과 빨간색은 어떻게 다를까요?

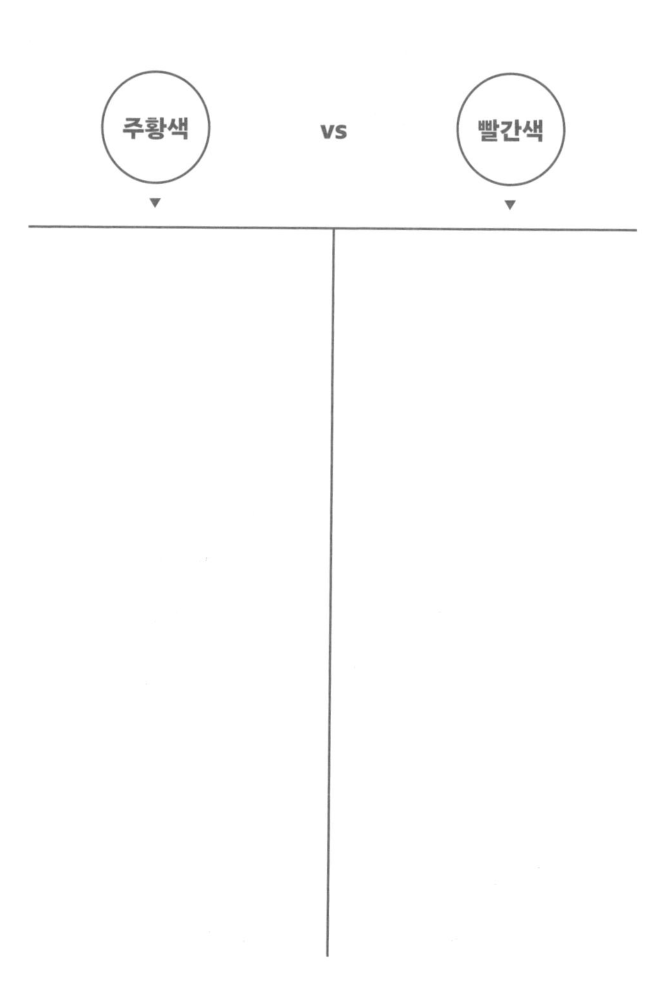

## 해결 차이점에서 돌파구를 찾다

자, 그럼 다시 타조 주류회사로 돌아가 볼까요?

주선인 대리님에게 주어진 미션은 카스와 테라의 차이점을 발견하는 것이었습니다. 카스와 테라 사이의 차이점을 발견한다면 타조 주류회사에서 새로 만들 맥주의 차별점도 만들어낼 수 있겠죠.

일단 가장 먼저 떠오르는 디자인부터 이야기해봅시다. 투명한 병과 초록색 병 같은 거죠. 각각 C와 T로 시작한다는 점도 다릅니다. 로고가 파란색, 초록색인 차이도 있겠네요. 이번에는 내용물로 가볼게요. '원료'는 어떤 차이가 있을까요? 탄산감의 차이는요? 도수는요? 카스를 마시는 사람과 테라를 마시는 사람의 이미지를 한번 그려보세요.

누가 마실까요? 나이, 성별, 직업은 어떻게 다른가요? 카스에 어울리는 연예인은 누가 있나요? 테라는 아무래도 공유인가요? 마시는 상황과 장소는 어떨 것 같나요? 삼겹살에는 어떤 맥주가 더 어울리나요? 치킨에는요? 야구장에서는 어떤 맥주가 생각나나요? 대학 MT라면 어떤 맥주를 박스째 사갈까요? 생각나는 노래는 뭐가 있나요? 아주 사적이고 주관적인 느낌이어도 좋으니 생각나는 대로 써보세요. 한 쌍을 쓰고 나서 멈추지 말고 꼬리에 꼬리를 물고 연상을 해보세요.

카스 vs 테라

▶

▶

▶

최대한 써보셨다면, 다음 장에서 확인해볼까요?

| 카스 | vs | 테라 |
|---|---|---|
| C, 파란색<br>속이 보이는, 투명한<br>바다 같은, 도시적인 | 외형 | T, 초록색<br>속이 안 보이는, 불투명한<br>산 같은, 자연적인 |
| 4.5도, 0.1도 약함 | 도수 | 4.6도, 0.1도 강함 |
| 강탄산, 캬!, 톡!<br>쏘는, 칼칼한, 묽은<br>상쾌한, 프레시<br>차가운 맛, 맛없다<br>목을 찌르는, 물에 술탄 | 맛 | 중탄산, 크!, 뻥!<br>치는, 맹맹한, 맑은<br>청량한, 리프레시<br>시원한 맛, 멋없다<br>목을 긁는, 술에 물탄 |
| 1994년생<br>20세기, 세기말<br>나의 첫 맥주, 추억, MT | 출시 연도 | 2019년생<br>21세기, 세기 초<br>나의 현 맥주, 현실, OJT |
| 40대, X세대<br>모범생, 젊은 척하는<br>부장님, 아저씨, 대기업 | 마시는 사람 | 30대, 밀레니얼 세대<br>우등생, 멋진 척하는<br>대리님, 삼촌, 스타트업 |
| 동료, 건배!<br>팀장님과 회식<br>조기축구회, 여럿이서<br>두 병씩 추가, 취하려고<br>부어라, 따라드리는<br>이모님, 여기 카스 주세요<br>딱 한 잔만 더하고 가자<br>첫차, 밤 | 마시는 상황 | 친구, 짠!<br>동기들끼리 회식<br>테니스 동호회, 둘이서<br>한 병씩 추가, 즐기려고<br>마셔라, 따라 마시는<br>사장님, 여기 테라 주세요<br>이거만 마시고 가자<br>막차, 저녁 |
| 밤이 깊었네 방황하며<br>춤을 추는 불빛들 | 생각나는 노래 | 그대여 아무<br>걱정 하지 말아요 |
| 족발, 소맥, 삼겹살 | 함께하는 음식 | 보쌈, 치맥, 치킨 |

쓰다보니 50개를 넘어 100개도 쓸 수 있겠는데요? 카스와 테라가 이렇게나 다른 맥주였군요.

제가 주선인 대리님과 함께 타조 주류회사의 새로운 소맥용 맥주를 만들어야 한다면, 일단 로고에 파란색과 초록색은 사용하지 않을 것 같아요. 카스와 테라 사이에서 확 튈 수 있도록 핑크색은 어떨까요. 이름은 C와 T처럼 강한 발음이 아닌 A나 O처럼 모음으로 시작하는 것도 좋겠죠. '오로라'는 어떤가요? 도수는 비슷하지만 조금 낮춰서 4도. 탄산은 더 세게 강강탄산으로 목을 강타하도록. 40대도 30대도 아닌 20대를 위한 맥주를 만드는 건요? 타깃 이미지는 대기업도 스타트업도 아닌 N잡러. 모범생도 우등생도 아닌 유학생 이미지. 젊은 척도 멋진 척도 아닌 바쁜 척이 일상인 사람들. 시끌시끌한 회식 자리도 친구 모임도 아닌, 퇴근 후 운동을 마치고 갈증을 해소하는 맥주. 처음 만나는 사람들과 마셔도 어색하지 않은 맥주. 인생 첫 소맥으로 기억되는 맥주가 된다면 그것도 좋겠네요. 나의 추억도 현실도 아닌 나의 내일을 위해 숙취 해소 성분이 들어 있는 맥주는 어떨까요? 사람들이 이 맥주를 마시며 부르는 노래는 〈밤이 깊었네〉도 〈걱정말아요 그대〉도 아니겠네요. 어떤가요. 이 맥주, 좀 달라

보이나요?

만약 담당 브랜드가 침대인 마케터라면, 시몬스침대와 우리 브랜드의 차이를 집요하게 찾아보고 새로운 아이디어를 떠올려보세요. 만약 SUV 마케터라면, 우리나라 대표 SUV인 쏘렌토와 우리 브랜드의 차이를 찾아보세요. 만약 매운 라면을 담당했다면 대표적인 매운맛 라면인 신라면과 비교해보는 것이 도움 되겠죠. 자, 그럼 경쟁 브랜드와 우리 브랜드의 차이점을 50개 써보세요.

| 경쟁 브랜드 | vs | 우리 브랜드 |
| --- | --- | --- |
| ▼ | | ▼ |

3장

# 아카이빙

# 고갈된 머리에서 기발함 찾기

커리어 최초의 번아웃으로
아이디어의 샘이 바짝 말라버린 이미로 카피라이터.
하필이면 이때 일생일대의 빅브랜드를 만나는데….
어떻게 하면 이 위기 속에서
빛나는 문장을 쓸 수 있을까요?

문제

# 광고회사 DBVB의 카피라이터 이미로입니다

대학생 때 어느 카피라이터의 강연을 들은 적 있다. 강의실의 커다란 스크린에 검은색 테두리의 세모 그림이 나타났다.

"이게 뭘로 보이세요?"

'세모'라는 단어가 엄청난 속도로 혀끝까지 튀어나갔지만 입 밖으로 쉽게 나가지 않는 그때,

"세모."

맨 앞줄에서 답이 툭 하고 떨어졌다.

"정답. 그런데 카피라이터 지망생들이니까 조금 다르

게도 볼 수 있을 것 같은데요."

대답하지 않길 잘했다는 생각이 든 그 순간,

"삼각김밥!"

같은 목소리가 기세 좋게 답을 던지자 청중들의 웃음보가 터졌다. 저렇게 순발력이 좋아야 카피라이터가 되는 건가 초조해지는데 함께 웃던 강연자가 말을 이었다.

"세모도 맞고, 삼각김밥도 맞지만 제가 말하고 싶었던 건 피라미드였어요. 글 쓰는 사람들에게도 피라미드가 있다는 거 아세요?"

고개를 갸웃거리기도 전에 딸깍 하는 마우스 소리와 함께 피라미드 꼭대기에 '시인'이라는 글자가 떴다.

"가장 높은 계급으로는 시인이 있어요."

시인이라고?

"시를 한번 상상해보세요. 시를 좋아하는 분들조차 시를 잘 모르겠다는 말을 많이 하죠. 왜 그럴까요? 시는 친절하지 않습니다. 시인은 자신의 글을 정확히 이해시키려고 노력하지 않아요. 자기만의 언어를 함축적으로 쓰고, 모호할수록 추앙받기도 합니다. 숨겨진 의미를 해석하기 위해 독자들이 스스로 노력하죠. 남들이 오해하든 말든 시인은 속마음을 말해줄 의무가 없어요. 자유롭죠."

그러네. 잘 모르는데도 괜히 멋있는 글이 바로 시다. 시인은 꿈도 꿔보지 못했다.

"그래서 제일 높은 계급이에요."

다시 한번 마우스 소리가 딸깍. 피라미드 맨 밑바닥에 '카피라이터'라는 글자가 등장했다.

"네. 저의 계급이고, 곧 여러분이 갈 위치입니다."

강연장 여기저기서 깔깔깔 소리가 들렸다. 그게 어떤 의미인지 아는지 모르는지 옆 사람의 어깨를 두드리며 "파이팅"이라고 소곤대는 사람도 있었다.

"여러분 지금 웃음이 납니까? 노비 계급이라니까요?"

그렇게 말하는 강연자도 웃고 있었다.

"카피라이팅은 다른 글과는 완전히 다른 글쓰기입니다. 여러분이 쓸 글의 주인은 여러분이 아니라 광고주예요. 여러분이 글로 빛내야 하는 것은 여러분 자신도 문장 그 자체도 아닌 상품이고요."

그게 그렇게 나쁜 건가?

"도대체 이딴 건 무슨 생각으로 만들었나 싶은 제품들을 만날 거예요. 이런 걸 브랜드랍시고 만들어서 멋진 카피로 팔아달라는 광고주한테 화가 날 때도 있을 거고요. 하지만 카피라이터는 욕하지 않습니다. 기분이 어떻든 여러분이 쓴 글은 최상급에 가까운 칭찬들로 가득할 겁니다."

나쁜 거네.

"그렇게 밤새워 고심 끝에 카피를 써가면 그때부터 사람들이 주머니에서 주섬주섬 칼을 꺼낼 거예요. 재미는 있는데 감동적인 건 없냐고. 새롭긴 한데 안전한 건 없냐고. 맞았는데 틀렸다고. 미안한데 고치라고. 괜찮으면 다시 쓰라고. 그러고는 다들 가뿐한 마음으로 회의실을 떠날 겁니다. 그럼 여러분은 자리로 돌아와 앉아 가슴에 꽂힌 칼들을 하나하나 뽑아내고 다시 쓰는 거죠."

최악인데?

"최악이죠?"

내가 방금 소리 내서 말했나?

"그런데도 여기 계신 분들은 카피라이터가 되고 싶을 거예요. 제가 그걸 잘 알면서도 15년째 낮은 자세로 엎드려서 카피를 쓰고 있는 것처럼."

여기저기서 웃음소리가 퍼졌다.

"곧 전쟁터에서 만날 여러분에게 미리 전우애를 담아 비밀을 하나 말씀드리고 싶은데요. 당할 때 당하더라도 무기 없이 당하지는 마세요. 우리의 무기가 뭐냐면, 기록이에요. 책이든 잡지든 뭐든 읽고, 좋은 문장을 기록하세요. 영화든 드라마든 보면서 좋은 대사를 기록해두세요. 그 아카이브가 여러분을 여러 번 구할 겁니다. 그리고 반드시 한 번은 사자처럼 크게 웃게 해줄 거예요."

그의 말처럼 나는 나의 계급을 '스포' 당했음에도 불구하고 사력을 다해서 이 계급을 쟁취해냈다. 내 손으로 밑바닥 계급장을 가슴에 달고 기뻐했다.

30명 규모의 꽤 주목받고 있는 디지털 광고회사 신입 카피라이터. 대학 시절 밤을 새운다는 것은 다음 날 잠을 보충한다는 뜻이었는데, 직장에 들어왔더니 밤을 새운다는 말은 수면시간을 영영 잃어버린다는 의미였다. 수많은 밤을 지새우며 수백 개의 아이디어를 내고 수천 개의 카피를 썼더니 잘 쓰는 카피라이터가 됐다기보다는, 다른 사람의 의견을 잘 듣는 카피라이터가 되었다.

"카피가 정확해. 하고 싶은 말을 다 담았어. 그래서 그런가. 너무 주절주절이야."

"틀린 말은 아닌데, 너무 정답처럼 느껴져요. 뭔가 좀… 인기 없는 모범생 같달까요."

"상당히 파격적이네. 반보 앞서야 되는데 열 보 앞섰

네?"

"너무 재밌어요. 저는 진짜 좋은데 광고주가 보수적이라 못 받을 것 같아요."

"정말 제 얘기처럼 공감 가요. 그런데 40대 타깃들이 공감을 못 할 것 같아요."

어떤 카피는 고개를 끄덕이게 만들긴 했지만 이마를 탁 치게 만들진 못했고, 어떤 카피는 웃음을 주기는 했지만 웃기는 것에 그쳤다. 내가 쓴 카피를 거절하는 이유들이 파도처럼 철썩대는 회의실에 앉아 있으면 물속으로 꼬르륵 잠수하고 싶다는 생각이 들었다. 하지만 그럴 때일수록 팀원들 사이에서 내가 쓴 것이 아닌 양 아무렇지 않은 표정을 짓고 생각했다. 지네들이 뭘 안다고….

"너무 좋은데요. 이 카피 누가 쓰셨어요?"

좀 아네…? 싫은 소리를 들을 땐 무리 속에 있고 싶었는데 좋은 소리를 들으니 개인으로 있고 싶었다. 달콤한 소리를 향해 허리를 곧추 세우고 앉았다. 3년 동안 잘 들었더니 싫은 것에는 오만가지 이유가 붙지만 좋은 것에는 딱히 이유가 붙지 않는다는 사실을 알게 됐다.

내가 쓴 카피를 고쳐야 할 땐 기분이 좋지는 않았지만

그래도 괜찮았다. 회의가 끝나고 주섬주섬 물건을 챙겨 자리로 돌아와 앉으면 이내 또 새로운 카피가 생각났다. 회의시간을 견디는 게 괴로웠지 다시 쓰기는 어렵지 않았다. 좋든 나쁘든 나에게는 쓸 게 있었고, 쓰고 싶은 마음이 있었다. 내가 좋아하는 카피와 남들이 선택하는 카피가 매번 같지는 않았지만 어쨌든 계속 썼다.

그러던 어느 날, 점심을 먹고 평소처럼 아이디어를 내려고 책상 앞에 앉았는데 뭔가 이상했다. 머리가 좀… 뭐랄까…, 다 쓴 치약처럼 납작해진 기분? 유튜브를 잠깐 볼까? 그럼 생각이 나겠지. 그런데 1시간을 봤는데도 머리가 부풀 생각을 안 한다. 웹서핑을 좀 해볼까? 그럼 아이디어가 생기겠지. 그런데 여전히 아니다. 요즘 야근을 너무 많이 했나? 그래도 이런 적은 없었는데? 인스타그램 좀 볼까? 어? 안 나오는데? 무슨 일이지? 아이디어라는 게 안내방송 없이 단수되듯 이렇게 단번에 끊기는 건가. 생각 꼭지를 아무리 돌려도 아이디어 한 방울 나오지 않았다. 그래, 그럴 수도 있지. 차장님은 맨날 아무 생각 안 난다고 하잖아. 조금 쉬면 괜찮을 거야.

그렇게 이틀, 사흘이 흘렀다. 회의를 망쳤다. 그래, 망

칠 때도 있는 거지 생각하다가도 초조해졌다. 그럴수록 머릿속 샘이 점점 더 마르는 것 같았다. 또 회의시간이 왔다. 빈손인 채 회의실로 향하는 다리는 천근만근이었다. 3주, 4주가 지나니 팀장님 얼굴을 볼 수가 없다. 내가 우리 팀의 짐이 되다니. 어떡하지? 카피, 어떻게 쓰는 거였더라? 꺼칠한 얼굴로 구석에 앉아 있는데 팀장님이 전체회의를 하자고 한다. 나 때문인가.

다들 주섬주섬 일어나 회의실로 들어가 앉았다.

"새로운 일이 들어왔는데요."

회의실이 조용하다.

"맞혀볼래요?"

회의실이 싸하다.

"나이키."

팀장님이 지금 뭐라고 한 거지? 그 나이키? 혀끝에 나이키가 달랑달랑 매달려 있는데, 옆에 앉은 아트 킴이 소리친다.

"나이키? 우리가 나이키를요?"

"나이키가 경쟁 PT(광고주가 계약 전 적합한 광고회사를 뽑기 위해 경쟁시키는 것. 보통 과제와 함께 3주 정도의 시간이 주어진다. 전략과 제작물 아이디어를 준비해 회사별로 발표한다)로 나온 건 처음이래. 다른 팀도 다들 하고 싶어 했는데 대표님이 우리 팀한테 맡겼어요."

"대박. 품목이 뭔데요? 신제품이에요? 운동화예요?"

내가 묻고 싶었던 거다. 역시 아트 킴은 순발력이 좋다. 저런 사람이 광고를 해야 하는데….

"아니, 브랜드 PR."

"우와!"

거기다 브랜드 PR이라고? 광고인 중에 나이키 광고 한 편 가슴에 품지 않은 사람은 없다. 칸 라이언즈나 클리오 같은 해외 광고제에서 수상하는 나이키 광고들을 보며 광고회사에 들어가리라 마음먹은 사람도 한둘이 아니다. 화려한 스포츠스타들의 인간적인 이야기, 온몸에 전율이 돌게 하는 승부욕, 당장 뛰어나가고 싶게 만드는 스포츠 정신, 거기다 차별과 편견 등 사회문제에도 통쾌하게 맞서는 대범함까지. 그런 나이키 광고를 어쩌면 내가 만들 수 있다고? 팀장님의 얼굴이 상기되었다.

"내가 나이키 키즈거든."

그런 말이 있나? 나이키 키즈?

"에어조던 광고를 보면서 이 바닥에 들어온 게 바로 나예요."

그러시구나.

"그런데 내가 나이키를 하다니… 내가 나이키를…!"

"팀장님, 지금 PT를 딴 게 아닌데 너무 흥분하신 것 같아요."

초를 치는 사람은 차장님이다. 흥분하면 좀 어때.

"흥분 좀 하면 어때요! 저는 입사 이래 처음으로 심장이 벌렁거려요."

아트 킴이 또 내 목소리를 훔치네.

"아니, 나도 좋지. 빅브랜드 하면 폼도 나고. 그런데 너무 어깨에 힘이 들어가면 될 일도 안 되니까…."

차장님이 의자를 뒤로 빼며 방어하듯 말한다.

"어… 근데…, 우리 지금 테이블 밑 좀 봐야 할 거 같아."

"왜요?"

"한번 봐봐. 팀장님도요."

6명이 일제히 의자를 빼고 고개를 숙여 테이블 밑을 봤다. 이럴 수가.

에어포스. 인터내셔널리스트. 에어맥스. 데이브레이크. 덩크로우. 덩크로우.

12개의 나이키 로고가 반짝인다.

"뭐야, 소름 돋아…."

"우리 완전 나이키 팀이네요."

"나이키를 위해 태어난 팀…."

"우리 이거 꼭 따요!"

"이거 찍어둬요."

우리는 각자 스마트폰을 꺼내 들고 사진과 영상을 찍느라 분주했다. 팀장님은 20년을 기다렸는데 나는 3년 만에 이런 빅브랜드를 하게 되다니. 내 카피의 주인님이 나이키가 될 수 있다니!

"나이키는 무슨 말이든 다 해도 되는 거 알죠? 멋있기만 하면 돼."

"예산은요?"

"예산 생각하지 말고 아이디어 내세요."

"역시 대갓집…."

"PT까지 한 달 남았으니까, 다들 몸 푼다 생각하고 3일 뒤에 가볍게 회의하기로 해요. 오늘 회의 끝."

12개의 나이키 로고가 움직인다. 줄지어 나간다. 내 나이키 2개가 멈춘다. 어떡하지. 흥분이 조금 가라앉자 이내 긴장감이 몰려왔다. 어떡하지. 한 달째 텅 비어버린 아이디어 창고가 생각났다. 반드시 이겨야 하는 전쟁이 코

앞으로 닥쳤는데 나는 무기가 없다. 무기가… 어, 무기? 머릿속이 빠르게 3년 전으로 플래시백.

지직…. "여러분, 카피라이터는 가장 낮은 계급…."

"모두가 우리에게 칼을 들이댄다…." 지직….

지직…. "그런데 우리에게 무기가 있어요…."

"그 무기가 한 번은 여러분을 사자로…."

맞다. 무기가 있다. 나의 무기는 기록. 사자처럼 웃게 해줄 나의 무기. 그 파일, 온갖 것을 다 기록해뒀던 그 파일. 그걸 어디 뒀더라?

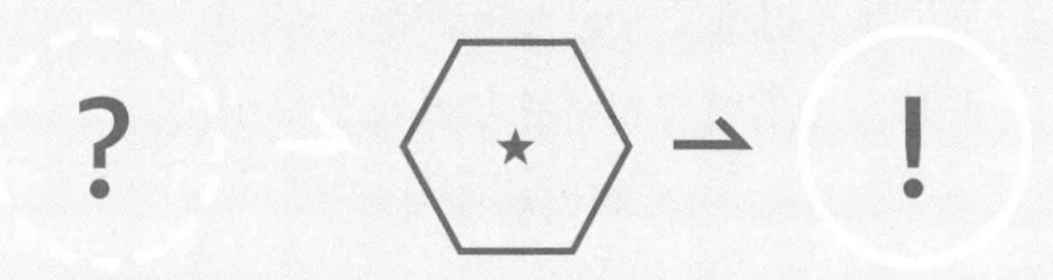


비상, 비상. 아이디어 고갈입니다.
연차가 낮을 때는 아이디어가 나오지 않는다는 말이
잘 실감 나지 않습니다. 좋은 아이디어는 아닐지라도 일단은
아이디어가 샘솟죠. 20여 년간의 인풋이 있기 때문입니다.
그러던 어느 날, 연차가 좀 쌓이고 사람들의 기대와
스스로의 눈높이가 높아진 어느 날,
이제는 정말 좋은 아이디어가 필요한 그날,
아이디어가 바닥납니다. 어떡하면 좋죠?
머릿속 곳간이 말라버린 분들에게
'나의 보물창고 털기' 게임을 추천합니다.

# 게임 나의 보물창고 털기

세 번째 게임, 딱 중간 지점입니다. 여기까지 잘 오셨습니다.

세상에서 가장 부자인 카피라이터는 누굴까요? 타고난 센스를 가진 카피라이터? 문장력이 좋은 카피라이터? 기발한 상상력을 가진 카피라이터? 끈기가 좋은 카피라이터? 아닙니다. 기억하는 문장이 많은 카피라이터, 언제든 꺼내올 수 있는 풍요로운 창고를 가진 카피라이터가 부자입니다. 카피라이터들 사이의 빈부격차는 아카이빙의 차이로부터 생기는 것이죠. 그래서 저는 "카피라이터가 되려면 어떤 준비를 하는 게 좋을까요?"라는 질문에 항상 같은 답을 말합니다. 많이 읽고 많이 보세요. 책이든 잡지든 영화든 드라마든 뭐든 많이 읽고 많이 보시라고요.

많이 읽으면 좋은 문장을 발견할 가능성이 높아집니다. 좋은 문장을 발견하면 기억력을 믿지 말고 무조건 기록해두세요. **좋은 문장을 기록하다 보면 당연하게도 좋은 것이 무엇인지 알게 됩니다.** 좋은 것과 덜 좋은 것을 구분할 수 있는 눈이 생기는 것이죠. 반복하다 보면 내가 어떤 문장을 좋아하는지 취향이 생기고요. 그 후에는 쓰고 싶어지죠. 내가 좋아하는 문장들처럼 나도 좋은 카피를 쓰고 싶어집니다.

같은 브랜드 카피를 10명의 카피라이터에게 맡기면 10개의 다른 카피가 나올 겁니다. 문장만 다른 것이 아니라 분위기도 다르겠죠. 누구는 짧고 무심하지만 강렬한 인상을 남기는 카피를 잘 쓰고, 누구는 길고 부드럽고 서정적인 분위기의 카피를 잘 씁니다. 어떤 스타일의 카피를 잘 쓴다는 이미지가 만들어지면 그것은 자신뿐 아니라 함께 일하는 사람들에게도 행운입니다. 그러니 특정 스타일이 있다는 것은 이 일을 오래도록 할 수 있는 큰 무기가 되겠지요.

이번 게임에서는 여러분의 취향을 마음껏 활용해보고 싶습니다. 평소 문장을 수집해두신 분들이라면 더욱 재미있을 겁니다. 자, 좋아하는 문장을 하나만 꺼내볼까요? 이번 게임에서 드는 예시는 모두 〈인생 첫 카피〉 멤버들의 아카이빙에서 가져왔습니다.

**과거의 모든 내가 현재의 나를 만든다.**

멋진 문장을 가져오셨네요. 그럼 이 문장에 어울리는 브랜드를 말해볼까요? 생각나는 아무 브랜드나 말해보세요. 나만의 느낌이라고 해도 좋아요.

나이키 | 언더아머 | ○○ 피트니스 | 정관장

뭔가를 꾸준히 하면 멋진 오늘이 온다는 의미죠. 운동 또는 체력관리 관련 브랜드에 잘 어울리네요.

야나두 | 교보문고 | SK II

영어공부와 독서, 화장품까지. 꾸준한 자기관리를 위한 브랜드라면 다 찰떡이네요.

라이카 | 몽블랑

사진이든 글씨든 기록하는 것과 관련한 브랜드에도 정말 잘 어울리고요.

진에어 | 대한항공 | 에어비앤비

조금 더 생각해보면, 여행처럼 경험과 관련된 브랜드에도 어울리겠어요.

지금 생각나는 브랜드가 있다면 여러분도 써보세요.

▶

하나 더 해볼까요?

**지금이 바로 그 순간이야**

멜로망스의 〈고백〉입니다. 노래 가사에도 좋은 문장이 많죠. 이 가사를 들으면 무슨 브랜드가 생각나나요?

듀오 | 틴더

네. 말이 필요 없습니다. 지금 바로 가입하시죠.

카스 | 클라우드

역시 말이 필요 없어요. 우리 지금 만나.

상쾌환 | 컨디션

음주에 타이밍이 있다면 숙취 해소에는 골든타임이 있습니다.

라미실

무좀 치료제입니다.

산와머니

가장 힘들 때 가장 먼저 생각나는 존재는 친구나 가족이 아니죠.

유니세프

지금 전화 주세요.

끝도 없이 나올 수 있겠죠. 이처럼 좋은 문장은 좋은 브랜드를 데리고 옵니다. 더 해볼게요.

**열정 같은 소리 하고 있네**

이혜린 작가의 소설이자 영화의 제목입니다. 강렬하네요. 어떤 브랜드가 생각나세요?

잡코리아 | 알바몬

네, 열정페이 아니고 공정페이 받고 싶습니다.

고용노동부 | 노무법인○○

전문가와 상의하세요.

스프라이트 | 활명수 | 더위사냥 | 탱크보이 | 불닭볶음면 | 엽기떡볶이

'열정 같은 소리 하고 있네' 같은 말을 내뱉을 때, 뭐가 먹고 싶을까요? 머리가 깨질 듯 시원하거나 속이 확 풀리는 매운 맛이 끌리겠죠. 분이 좀 삭는 기분이네요.

에어팟 프로

시끄러운 세상과의 단절.

시몬스 침대

몸도 마음도 지쳤을 때, 잠이 최고죠.

여러분은 어떤 브랜드가 생각나세요?

하나 더 해볼게요.

**완벽함이란 더 이상 보탤 것이 없는 상태가 아니라**

**더 이상 덜어낼 것이 없는 상태다.**

생텍쥐페리가 한 명언이에요. 그냥 보기만 했는데도 브랜드가 마구 떠오르네요.

한국타이어 | 미쉐린타이어

완벽한 기술이라고 하면 타이어를 떠올리는 분들이 많았어요.

LG 시그니처 | 발뮤다

미니멀한 디자인을 가진 가전 브랜드도 생각나고요.

히트텍 | 에어리즘

세계인을 사로잡았던 유니클로의 기능성 의류도 생각납니다.

아임리얼 주스 | T.O.P 커피

최상급을 말해왔던 음료 브랜드도 잘 어울리네요.

365 MC

비만 클리닉이죠. 이런 연상, 칭찬합니다. 정말 좋네요. 문장과 착 붙어서 좋을 때도 있지만, 이렇게 의외의 브랜드와 붙어 시너지 효과가 더 강렬할 때도 있습니다.

명상앱 코끼리

본인이 사용하는 명상앱을 떠올린 분도 있어요. 생각지도 못했는데 어울리네요.

직접 한번 붙여보세요.

▶

▶

▶

자, 슬슬 머리가 풀렸다면 이제 본격적인 게임을 해볼게요. 좋아하는 문장을 5개 이상 가져오세요. 많을수록 좋습니다. 책 속 문장, 영화나 드라마 대사, 노래 가사, 누군가의 SNS에서 본 문장이어도 괜찮습니다. 긴 문장과 짧은 문장을 적절하게 섞어서 가져오세요. 그리고 한 개씩 써보세요.

▶

▶

▶

이제는 본격적으로 내 문장들을 브랜드에 붙여볼 시간입니다. 여기에 예시로 12개의 브랜드를 가져왔습니다. 어떤 문장은 여러 브랜드에 모두 어울릴 때도 있겠죠. 그럼 어울리는 브랜드마다 써보세요. 내가 가진 문장 중 캐논에 어울리는 건 무엇일까요? 현대카드는요? 이렇게 생각하면서 써보세요. 사전 조사 없이도 알만한 브랜드들을 가지고 오긴 했지만, 혹시 모르는 브랜드가 있다면 검색해보세요.

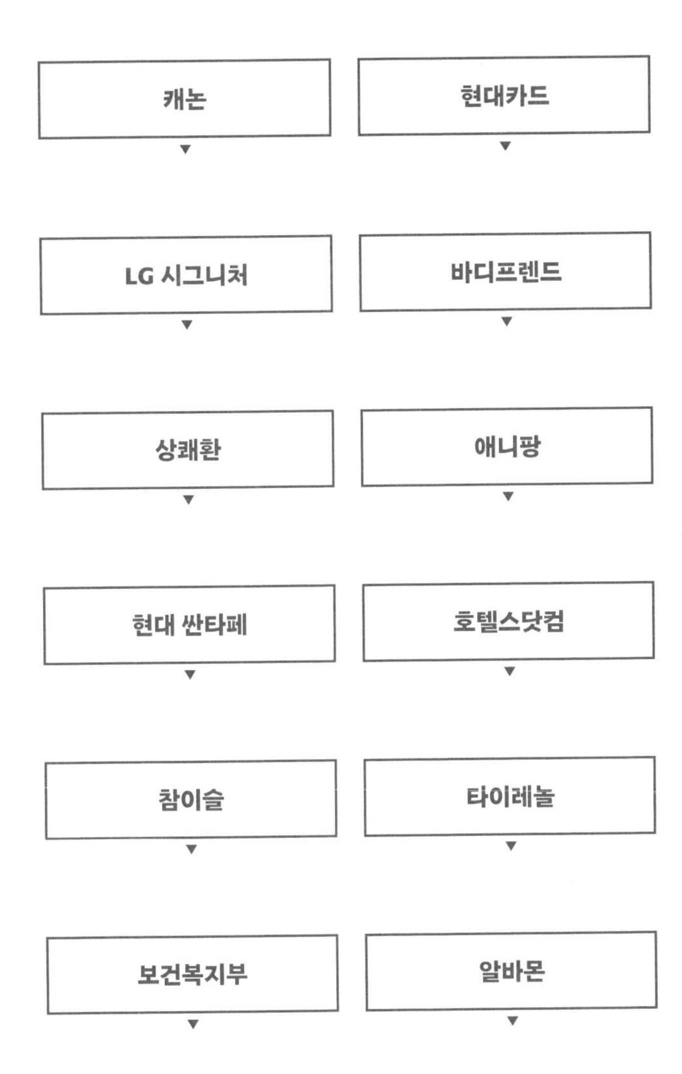
캐논
현대카드
LG 시그니처
바디프렌드
상쾌환
애니팡
현대 싼타페
호텔스닷컴
참이슬
타이레놀
보건복지부
알바몬

마음에 드시나요? 다른 사람들은 어떤 문장들을 가지고 있는지, 그리고 그 문장들을 어떤 브랜드에 붙였는지 볼게요.

**캐논**

▶ 사람이 사람을 만났을 때
서로가 지니고 있는 다른 풍경에 끌리는 것이다.*

▶ 천 개의 눈으로 사물을 보라.

정말 잘 붙었네요. 그대로 카피가 된다고 해도 이상하지 않아요. 첫 번째 문장에는 인물 클로즈업된 사진이 함께 붙는다면 좋겠네요. 두 번째 문장은 캐논의 렌즈 기술이 얼마나 좋은지를 말하는 것 같습니다.

**현대카드**

▶ 스스로 무명인이 되지 말아라.

▶ 어차피 그리고 솔직히
인생은 아무도 모르는 일입니다.

* 에쿠니 가오리, ≪당신의 주말은 몇 개입니까≫, 소담출판사

▶ 우리는 저마다 다른 삶을 살아가지만

흥미롭지 않은 삶은 없다.

브랜드를 미리 알리지 않고 문장을 가져오라고 했는데도 이렇게 착 붙는 문장들이 나왔습니다. 강의할 때마다 저도 신기해요.

현대카드는 다른 신용카드와 다른 특별한 이미지가 있죠. 현대카드를 쓰는 사람이라 하면 다른 카드를 쓰는 사람보다 좀 더 흥미로운 사람일 것 같은 느낌. "스스로 무명인이 되지 말아라"는 그런 지점을 잘 드러낸 것 같아요. 특별해지고 싶다면 현대카드를 쓰라고 말하는 것 같습니다. "어차피 그리고 솔직히 인생은 아무도 모르는 일입니다"는 마치 현대카드 슈퍼콘서트 카피 같아요. 카드 하나 바꿨을 뿐인데 인생의 뮤지션을 직접 보게 된다면 이런 기분 아닐까요? 세 번째 문장 "우리는 저마다 다른 삶을 살아가지만 흥미롭지 않은 삶은 없다"도 정말 재미있어요. 똑같은 라이프스타일을 가진 사람은 없죠. 여러분이 어떤 라이프스타일을 추구하든 현대카드가 딱 맞는 카드를 제안해줄 것 같네요.

**LG 시그니처**

▶ 창문을 열면 치킨 냄새가 나.

최고급 가전에 이런 문장이 붙었네요. 공기청정기인가 봐요. 너무 웃깁니다.

**바디프렌드**

▶ 행복은 강도가 아니라 빈도다.

말이 필요 없습니다. 비싼 마사지숍 왜 가나요? 행복이 매일 저녁 우리 집에 있는데요.

**상쾌환**

▶ 일단 생각해본다. 연구해본다. 그리고 해본다.
실패하면 다시 하면 될 뿐이다.

▶ 그래, 실컷 젊음을 낭비하려무나.
넘칠 때 낭비하는 건 죄가 아니라 미덕이다.*

첫 번째 문장은 상쾌환 연구원의 진지한 자세가 드러나지 않나요? 이런 연구 끝에 탄생한 숙취해소제라면 믿

* 박완서, 《그 남자네 집》, 현대문학

어야죠. 두 번째 문장은 저에게도 힘이 되네요. 일단 오늘 밤은 낭비하고 싶어집니다. 믿을 구석이 있으니까요.

**애니팡**

- 학문에 왕도는 없다.
- 일단 생각해본다. 연구해본다. 그리고 해본다.
  실패하면 다시 하면 될 뿐이다.
- 천 개의 눈으로 사물을 보라.
- 넌 요즘 너에게 뭘 해주니?
- 평범하지만 절대 시시하지 않다.
- 너의 장미꽃이 그토록 소중한 것은
  그 꽃을 위해 네가 공들인 그 시간 때문이야.*

가장 많은 문장이 붙었다는 것부터 재미있습니다. 모든 문장이 촌철살인. 제가 애니팡 광고주라면 이 카피들 전부 쓰고 싶어요. 그중 하나를 뽑아야 한다면, "천 개의 눈으로 사물을 보라." 아까워서 하나만 더 뽑을게요. "넌 요즘 너에게 뭘 해주니?"

* 생택쥐페리, 《어린 왕자》

**현대 싼타페**

▶ 길은 내가 맞게 만드는 것.

▶ 세상은 생각대로 되지 않는다고.

하지만 생각대로 되지 않는다는 건 정말 멋진 것 같아요.

생각지도 못했던 일이 일어나는걸요.*

▶ 나와 내 주변의 결점을 이해하고 인내하는 태도는

반드시 삶에서 빛을 발한다.

싼타페는 자동차 중에서도 SUV죠. 달리는 즐거움, 여러분의 모험성을 충족시켜줄 수 있는 브랜드입니다. 첫 번째, 두 번째 문장은 그런 의미에서 딱이네요. 세 번째 문장을 보고선 드라이브하는 기분이 들었어요. 혼자 운전해서 퇴근하다 보면 그날 있었던 일이 저절로 생각나잖아요. 아니면 주말에 홀로 드라이브를 하며 한 주를 회고하는 운전자의 모습이 생각나기도 합니다. 이런 카피라면, 전형적이지 않고 깊이 있는 자동차 광고가 나오겠네요.

* 만화 〈빨강머리 앤〉

**호텔스닷컴**

▶ 박수 칠 때 떠나라.

▶ 돈을 일하게 하라.

▶ 브라질 해변에서 거북이들이 산란을 할 때
해안가의 집들은 기꺼이 어두워진다.*

두 번째 문장에서 웃음이 터졌어요. 재테크를 하는 모든 사람이 타깃입니다. 일은 돈이 하는 거고요. 우리는 놀러 가는 거고요.

**참이슬**

▶ 인생에도 '컨트롤 Z'가 있었으면 좋겠다.

▶ 세상은 생각대로 되지 않는다고.
하지만 생각대로 되지 않는다는 건 정말 멋진 것 같아요.
생각지도 못했던 일이 일어나는걸요.

▶ 행복은 강도가 아니라 빈도다.

소주에는 인생에 관한 모든 문장이 어울리는 것 같아요. 우리나라에서도 이렇게 철학이 담긴 소주 광고가 나

* 이현승 시, 〈돌아와요 거북이〉, 《친애하는 사물들》, 문학동네

온다면 참 좋겠네요.

**타이레놀**

▶ 인간답다는 것은 대부분 오작동의 결과입니다.

▶ 웃음 없는 하루는 낭비한 하루다.

첫 번째 문장이 정말 강렬합니다. 통증이 있다는 것도 인간다운 것, 겨우 인간인데 통증 없이 무언가를 이루기는 힘들죠. 두 번째 문장은 정반대의 지점에 있습니다. 두통, 참지 말고 타이레놀을 먹고 웃어보세요.

**보건복지부**

▶ 계산 가능한 인생은 없다.

▶ 우는 자들과 함께 울라.

어떤 문장이 붙을까 궁금해서 넣어본 브랜드인데요. 너무 재미있는 문장들이 붙어서 '보건복지부'를 넣은 저를 칭찬했습니다. 계산 가능한 인생은 없으니까 계산 가능한 행복도 없는 거겠죠. 두 번째 문장은 어떤가요? 초보 엄마아빠의 얼굴이 떠오릅니다. 그런데, 출산장려에 도움이 되는 문장 맞는 거죠?

**알바몬**

▶ 계산 가능한 인생은 없다.

▶ 스스로 무명인이 되지 말아라.

와, 보건복지부에 붙었던 문장이 알바몬에 붙었더니 이렇게나 다른 느낌이 되었습니다. 첫 번째 문장은 알바생 앞의 손님들에게 하고 싶은 말입니다. 시급을 받는다고 계산 가능한 인생은 아니죠. 알바생이 꾸는 꿈이 얼마인지는 아무도 모르는 것입니다. 다음 문장은 알바생이 자신에게 하고 싶은 것 같은 말이네요. 유니폼을 입고 일하지만 스스로 무명인이 되지 마세요.

직접 해보고 나서 다른 예시를 본 소감이 어떠신가요. 좋은 문장을 기록해야 하는 이유를 아시겠죠? **좋은 문장은 좋은 카피가 될 수 있습니다.** 많이 읽고 많이 기록하세요.

자, 그럼 한 단계 더 나아가볼까요? 이번에는 심화 게임입니다. 제가 브랜드 3개를 보여드릴 텐데요. 같은 카테고리 내에서 서로 경쟁하는 브랜드들입니다.

참이슬　진로　새로

모두 소주입니다. 하지만 차이가 있죠. 앞서 차이를 발견하는 게임을 했으니 세 브랜드의 차이점을 일단 생각해보세요. 무슨 색인가요? 들어간 성분이 다른가요? 누가 마실 것 같나요? 어디서 마실까요? 이미지는 어떤가요? 어느 정도 차이점이 정리됐다면 이제 다시 문장을 붙여보세요. 저는 참이슬 하면 40대가, 진로 하면 30대가, 새로 하면 20대가 생각납니다. 나이를 기준으로 각 브랜드의 차이점을 생각하며 앞서 제시된 문장들을 다시 붙여볼게요.

**참이슬** ▶ 평범하지만 절대 시시하지 않다.

**진로** ▶ 스스로 무명인이 되지 말아라.

**새로** ▶ 인간답다는 것은 대부분 오작동의 결과입니다.

새로를 마시는 20대는 어쩐지 실수를 해도 다음 날 다시 도전할 것 같은 이미지입니다. 실수해도 되는 나이니까요. 실수하고 축 처진 20대 신입사원에게 선배가 이런 말을 해줄 것 같기도 합니다. 그렇다면, 30대에 마시는 소주는 어떨까요? 사회생활에 익숙해지고 인생의 쓴맛을 알게 되면서 번아웃이 왔을 수도 있겠네요. 조금은 특별한 사람이 되고 싶었는데 이제는 꿈이 없어진 것 같은 기분, 그런 마음을 담은 문장을 가져왔습니다. 40대는 어떤가요. 스스로가 평범하다는 것을 인정하는 나이, 그렇지만 그 어떤 시기보다 추진력을 가져야 하는 나이, 포기하면 안 되는 나이죠. 그래서 골랐습니다.

여러분의 문장으로도 한번 해보세요.

**참이슬** ▶

**진로** ▶

**새로** ▶

또 다른 브랜드 3개를 가져왔습니다. 이번에는 화장품이에요.

설화수 헤라 이니스프리

어떻게 다른가요? 가격은요? 색깔은요? 누가 쓸 것 같나요? 이미지는 어떤가요? 제가 가진 각 브랜드의 이미지는 이렇습니다. 설화수는 북촌, 안국동을 좋아하는 고상한 분위기의 여성들이 사용할 것 같은 느낌입니다. 헤라는 강남의 화려한 도시 라이프를 좋아하는 세련된 여성들이, 이니스프리는 제주도나 양양에서 한 달 살기를 하는 건강하고 에너지 넘치는 여성들이 쓸 것 같은 느낌이에요. 그런 느낌으로 문장을 붙여볼까요?

**설화수** ▶ 사람이 사람을 만났을 때
서로가 지니고 있는 풍경에 끌리는 것이다.

**헤라** ▶ 길은 내가 맞게 만드는 것.

**이니스프리** ▶ 행복은 강도가 아니라 빈도다.

여러분의 문장으로 한번 붙여보세요.

**설화수 ▶**

**헤라 ▶**

**이니스프리 ▶**

다른 차이점이 있다면, 그 기준으로도 붙여보세요.

**설화수 ▶**

**헤라 ▶**

**이니스프리 ▶**

마지막으로 한 번 더, 이번에는 여행 플랫폼입니다.

호텔스닷컴 에어비앤비 여기어때

세 브랜드의 차이는 뭘까요? 호텔스닷컴은 이름 그대로 호텔이 연상되고, 에어비앤비는 누군가의 소박한 집, 여기어때는 모텔이 연상됩니다. 여행을 부추기는 장소로도 세 브랜드의 차이점을 말해볼 수 있습니다. 호텔스닷컴이 뉴욕처럼 화려하고 복잡한 대도시로의 여행을 부추긴다면, 에어비앤비는 동유럽 어느 시골 마을로의 여행을, 여기어때는 이번 주말에 친구들과 시끌벅적하게 갈 수 있는 국내 펜션으로의 여행을 부추깁니다.

**호텔스닷컴**

▶ 세상은 생각대로 되지 않는다고.

하지만 생각대로 되지 않는다는 건 정말 멋진 것 같아요.

생각지도 못했던 일이 일어나는걸요.

**에어비앤비**

▶ 우리는 저마다 다른 삶을 살아가지만

흥미롭지 않은 삶은 없다.

**여기어때**

▶ 웃음 없는 하루는 낭비한 하루다.

같은 여행인데도 느낌이 다 다르죠? 여러분도 한번 붙여보세요.

**호텔스닷컴** ▶

**에어비앤비** ▶

**여기어때** ▶

어떤 사람이 각각의 여행 플랫폼을 이용할까요? 이용자의 이미지로도 차이점을 발견해서 붙여보세요.

**호텔스닷컴** ▶

**에어비앤비** ▶

**여기어때** ▶

지금부터라도 꾸준히 읽고 보고 듣고 기록하세요. 위기에 처한 현재의 자신을 구하는 것은 열심이었던 과거의 자신입니다. 이 게임은 일상에서도 쉽게 해볼 수 있습니다. 좋은 문장을 발견하면 그 문장에 맞는 브랜드를 하나 생각해보세요. 문장을 기록할 때 브랜드까지 적어두는 것도 좋습니다. 살다 보면 어떤 브랜드를 만나게 될지 아무도 모르니까요. 문장을 가져올 때는 그대로 가져올 수도 있지만, 내 브랜드에 맞게 다시 다듬어보세요. 단어를 바꾸거나 어미를 바꿔보는 것도 좋겠죠. 그리고 가져온 문장 그대로 활용하고 싶다면, 반드시 원작자에게 허락을 구하세요.

해결

# 메모장에서 빛나는 카피를 만나다

자, 하필이면 번아웃이 왔을 때 일생일대의 프로젝트를 만난 이미로 님의 문제로 돌아와볼까요? 브랜드는 나이키. 하지만 두려워할 필요는 없습니다. 쥐어짜도 나오지 않는 생각을 잠시 멈추고 나의 오래된 보물창고를 열어보세요. 여러분의 메모장에 어떤 문장이 있든 저는 나이키에 붙일 자신이 있습니다. 앞에서 봤던 문장들을 다시 한번 가져와서 해볼게요. 왜 그렇게 자신 있냐고요? 지금 보여드릴게요.

스스로 무명인이 되지 말아라.

나이키

포기하지 마세요. 확실한 꿈과 목표를 갖고 매일 노력하면 스포츠 스타가 될 수 있으니까요. 호날두와 김연아가 그랬고 손흥민이 그랬습니다.

어차피 그리고 솔직히 인생은 아무도 모르는 일입니다.

나이키

그렇다니까요. 당신도 마라톤 완주를 할 수 있어요.

행복은 강도가 아니라 빈도다.

나이키

그러니까 짧게라도 느리게라도 매일 뛰세요.

일단 생각해본다. 연구해본다. 그리고 해본다.

실패하면 다시 하면 될 뿐이다.

나이키

나이키의 모든 제품은 그렇게 태어났습니다.

우리는 저마다 다른 삶을 살아가지만

흥미롭지 않은 삶은 없다.

나이키

100명의 사람이 있으면 100개의 달리기가 있죠. 그리고 100개의 성공담이 있고, 100개의 실패담이 있습니다. 세상에 흥미롭지 않은 달리기는 없어요.

그래, 실컷 젊음을 낭비하려무나.

넘칠 때 낭비하는 건 죄가 아니라 미덕이다.

나이키

27m 높이의 절벽에서 뛰어내리는 하이 다이빙, 한여름 100km를 뛰는 울트라 마라톤에 도전하는 것. 익스트림 스포츠도 나이키입니다.

넌 요즘 너에게 뭘 해주니?

나이키

농구, 다시 시작해볼래?

평범하지만 절대 시시하지 않다.

나이키

나이키는 모르는 사람이 없을 만큼 흔하지만, 그렇다

고 무시하는 사람은 없죠.

세상은 생각대로 되지 않는다고.

하지만 생각대로 되지 않는다는 건 정말 멋진 것 같아요.

생각지도 못했던 일이 일어나는걸요.

나이키

뛰고 구르고 넘어지고 다치고 좌절하지만 다시 뛰는 것, 스포츠 정신입니다.

길은 내가 맞게 만드는 것.

나이키

네. 이것이 나이키예요.

인간답다는 것은 대부분 오작동의 결과입니다.

나이키

스포츠만큼 인간다운 것이 또 있나요?

인생에도 '컨트롤 Z'가 있었으면 좋겠다.

나이키

어젯밤에 한 실수는 지울 수 없으니 오늘 새벽에 일어

나서 뛸 수밖에요.

사람이 사람을 만났을 때

서로가 지니고 있는 풍경에 끌리는 것이다.

나이키

운동하는 사람을 보고 반하지 않을 자신이 있나요?

웃음 없는 하루는 낭비한 하루다.

나이키

오늘의 운동을 마친 사람은 반드시 웃게 돼 있죠.

계산 가능한 인생은 없다.

나이키

내가 복싱 챔피언이 될 줄 누가 예상이나 했겠어?

너의 장미꽃이 그토록 소중한 것은

그 꽃을 위해 네가 공들인 그 시간 때문이야.

나이키

4년 동안 단 하루도 빠짐없이 훈련하고 올림픽 금메달을 쟁취하죠.

나와 내 주변의 결점을 이해하고 인내하는 태도는

반드시 삶에서 빛을 발한다.

나이키

결점 없는 스포츠 선수는 없어요. 그걸 알고 이겨내는 거죠.

박수 칠 때 떠나라.

나이키

우리가 사랑했던 모든 선수에게 박수를 보냅니다.

우는 자들과 함께 울라.

나이키

팀 때문에 울어본 스포츠 팬이라면 알죠.

천 개의 눈으로 사물을 보라.

나이키

테니스 선수도 테니스의 팬도 모두 이 자세입니다.

창문을 열면 치킨 냄새가 나.

나이키

그걸 이겨내는 게 스포츠입니다.

학문에 왕도는 없다.

나이키

스포츠에도 왕도가 없죠.

돈을 일하게 하라.

나이키

너는 하와이에서 뛰고요.

브라질 해변에서 거북이들이 산란을 할 때

해안가의 집들은 기꺼이 어두워진다.

나이키

승부차기를 앞둔 선수를 바라보며 관중들은 기꺼이 숨을 죽이죠.

소름 돋는다고요? 저도 약간 돋았습니다. 성공 캠페인이 많은 빅브랜드를 만나면 부담되는 게 당연해요. 하지만 반대로 무슨 이야기를 해도 되는 브랜드를 만난다는 것만큼 큰 행운은 없습니다. 어떤 말을 해야 이 브랜드가 멋있어 보일지 생각하지 말고, 반대로 평소에 멋있다고 생각하던 문장에 내가 맡은 브랜드를 붙여보기만 하세요. 그런 빅브랜드를 만났다면, 여러분의 메모장을 털어볼 기회입니다. 모든 문장이 나이키의 카피가 될 수 있습니다. 과거의 이미로가 현재의 이미로를 구해내길, 용맹한 카피를 쓰고 칸 라이언즈에서 사자처럼 웃길 응원합니다.

# 효율

# 인풋의 홍수 속에서 확실한 아웃풋 내기

하루를 일주일처럼, 일주일을 일 년처럼 빽빽하게 사는
여행 플랫폼 마케터 방수빈 님.
일상은 인풋으로 가득하지만 회의실에서의 아웃풋은
빈약한 느낌을 버릴 수 없는데….
어떻게 하면 열심히 쌓은 인풋을 고퀄리티 아웃풋으로
바로 연결시킬 수 있을까요?

문제

# 여행 플랫폼 소울 호스트의 마케터 방수빈입니다

바쁘다. 바빠 죽겠다.

출근해도 바쁘지만 퇴근하면 더 바쁘다. 주중에도 바쁘지만 주말에는 더 바쁘다. 술 마시고 노느라 바쁜 것은 구세대의 이야기다. 자고 일어나면 새로운 게 쌓이다 못해 넘치는 요즘 시대에 뒤처지지 않으려면 하루를 쪼개 사는 수밖에 없다. 일주일 평균 개인 일정은 8.6개. 지난 1년간의 통계다.

월요일부터 볼까. 한 주의 시작은 재테크로 한다. 퇴근하고 주식 커뮤니티에 간다. 대부분 나와 비슷한 20대 후

반에서 30대 초반의 싱글들이다.《부자 아빠 가난한 아빠》가 인기인 시절에는 재테크가 아저씨들의 상징이었지만 이제는 아니다. 해외 주식 한번 안 해보고는 친구들 대화에 낄 수가 없다. 여기 모인 직장인들의 목표는 성실히 주식을 공부하고 꾸준히 월급의 30%를 투자해 10년 안에 퇴사하여 돈이 일하게 하는 것이다. 생각만 해도 뿌듯하다.

화요일이 밝았다. 화요일 저녁에는 스페인어 학원에 간다. 갑자기 무슨 스페인어냐고? 작년 여름휴가로 바르셀로나에 갔을 때 스페인어의 매력에 눈을 떠 3개월 전부터 배우고 있다. 요즘은 유학 다녀온 사람들이 흔해서 영어 외에 제2외국어 하나쯤은 해야 달라 보일 수 있다. 슬슬 어려워지려 해서 포기하고 싶지만 나의 경쟁력을 위해 꾹 참고 다니고 있다. 선생님 이름은 셀레나. 스페인 MZ다. 스페인에서 유행하는 것과 요즘 마드리드 애들은 어떻게 사는지 이야기해준다. 해외 트렌드를 익히는 데 도움이 되어 수업 끝나고 가끔 맥주 한잔을 같이하기도 한다. 그래도 막차가 끊기기 전에 귀가하는 편이다. 재테크 커뮤니티에서 돈을 불리는 것도 중요하지만 일단 아껴서 시드머니를 모으는 게 중요하다고 했기 때문이다.

택시는 당분간 안 된다.

자, 일주일 중 가장 힘든 수요일이다. 수요일은 필라테스 개인 레슨에 간다. 바쁘게 살다 보면 내가 지금 시간을 쓰는 건지 체력을 쓰는 건지 헷갈릴 때가 있다. 운동은 생명수고 근육은 생명이다. 목요일은 독서모임이다. 혼자서는 책을 3줄도 읽기 힘들어서 마음 맞는 지인들과 모임을 결성했다. 읽어오기로 약속해도 아무도 안 지키기 때문에 3개월마다 1권을 정해 카페에서 모인다. 1시간 동안 각자 책을 읽고 나머지 1시간 동안 감상을 나눈다. 덕분에 세계적인 베스트셀러 《도둑맞은 집중력》을 3분의 1 정도 읽었다. 1년에 책을 최소 4권은 읽을 수 있으니 뿌듯하다.

드디어 금요일, 금요일은 사교의 날이다. 나도 좀 놀아야지. 약속은 금요일로 몰아서 잡는 편이다. 대학 친구들이나 회사 동료들을 만날 때도 아무 곳이나 가고 싶지는 않다. 인스타그램에서 봐둔 레스토랑을 미리 예약한다. 최근에는 전통주 바와 탄탄면 전문점에 다녀왔다. 둘 다 삼각지에 있었다. 요즘은 한 동네를 파는 것이 유행이다. 남들이 모르는 골목에 새로 생긴 집을 찾아갈 때 희열을 느낀다. 인테리어는 어떻게 했는지, 메뉴 구성은 어떤지,

요즘 주목받는 다른 레스토랑과 비교해가며 감상하는 재미가 있다. 연 지 얼마 되지도 않았는데 웨이팅이 긴 '힙플레이스'도 1년 뒤 문 닫는 경우가 흔하다. 트렌드가 이렇게 무섭다니까.

여기까지가 퇴근 후 일정이고 점심시간 일정도 따로 관리한다.

김치찌개 먹고 아이스 아메리카노 하나 들고 사무실로 돌아오는 팀장님처럼 점심시간을 보낼 수는 없다. 김치찌개와 아이스 아메리카노가 싫다는 말은 아니니 오해 없길. 퇴근 후 주 1회 운동만으로는 근손실을 막을 수 없기에 점심시간에 헬스장을 다녔는데, 그것도 몇 달 하다 보니 늘어지는 기분이라 한 달 전 회사 근처에 있는 F45에 등록했다. 호주에서 시작된 운동법이라는데 45분 동안 쉴 틈 없이 기구를 돌아가며 고강도 무산소 운동을 한다. 하고 나면 혼이 쏙 빠지지만 정신을 놓고 있을 수만은 없다. 운동하는 모습을 영상으로 찍어 공유해주기 때문에 트레이닝복도 머리도 신경 써야 한다. 다른 회원들의 옷과 운동화를 보는 재미도 쏠쏠하다. 대부분 직장인 같은데 어쩌면 에너지가 저렇게 좋을까. 저들도 나를 보고 그런 생각을 하겠지?

여기까지가 평일 일정이고 주말은 또 따로 관리한다.

토요일에는 최소 2개의 일정을 잡는다. 자주 가는 곳은 성수동. 요즘 뜨는 브랜드들의 팝업 스토어를 두어 개 둘러보고, 저녁에는 새로 생긴 카페에서 스페인어 복습을 한다. 언어는 반복이다. '덥다'는 '아쎄 깔로르'인데 스페인 MZ들은 정말 더울 때 '아쎄 운 깔로르르 데 뻬로스'라고 한다고 셀레나 선생님이 그랬다. 뜻은 '개처럼 덥다.' 개바쁘네, 진짜. 일요일은 디톡스 데이. 스스로 외출 금지를 선언하고 집에서 뇌의 스위치를 끄는 시간을 갖는다. 시작은 명상이다. 《도둑맞은 집중력》에서도 집중력을 높이는 방법 중 하나로 명상을 추천한다. 나보다 1,000배는 더 바쁘게 사는 켄달 제너도 인스타그램에 명상하는 영상을 자주 올린다. 그때마다 함께 등장하는 조그만 절구 같은 게 있는데 그걸 사운드볼이라고 한다. 이 사운드볼로 만들어내는 소리가 명상을 시작하는 데 도움된다기에 나도 하나 질렀다. 명상하고 나서는 점심을 먹으며 넷플릭스에서 영화를 한 편 본다. 숏폼에 길들여진 뇌를 영화로 환기하는 거다. 영화 고르느라 30분을 썼는데 틀자마자 스마트폰으로 릴스를 보고 있다. 그리고 눈을 뜨면 다시, 월요일.

출근했더니 새로운 프로젝트가 기다리고 있다.

아, 내 소개를 안 했나?

안녕하세요. 콘텐츠 마케터 방수빈입니다. 여행 플랫폼에서 브랜드와 상품을 홍보하기 위한 온갖 콘텐츠를 만들고 있고요. 혹시, 소울 호스트(Soul Host)라고 들어보셨나요? 마음이 통하는 진짜 친구를 소울 메이트라고 하잖아요? 소울 호스트는 마음이 통하는 집주인이라는 뜻이고 현지인의 집을 중개하는 숙박 공유 서비스입니다. 에어비앤비 아니냐고요? 비슷하지만 저희는 집을 소개하는 것을 넘어 집주인을 소개하는 것에 더 초점을 맞춥니다. 소개라기보다 홍보에 가깝죠. 집주인을 셀럽으로 만드는 컨셉이라고 보면 됩니다. 집주인이 어떤 사람이냐에 따라 집의 캐릭터가 무척 달라지잖아요. 그리고 누군가의 집에 며칠 머문다는 것은 그 사람의 라이프스타일을 경험하는 것이고요. 그래서 저희 소울 호스트는 매력 넘치는 집주인을 무기로, 고객에게 친구가 되고 싶은 사람의 집에 한번 머물러 보라고 제안하는 겁니다. 에어비앤비와 다르죠? 생긴 지 2년밖에 안 된 스타트업이라 아직 모르시는 분이 많아요. 제가 더 열심히 해야죠, 뭐. 타깃은 20대 후반에서 30대 중반. 여행 경험이 좀 있는 분들이거나 모험심 있는 분들이고요. 바로 여기 계신 분들이죠. 여행은 유행인 거 아시죠? 여행이 정말 유행을 많이 타거든요. 그래서 저는 트렌드를 누구보다 먼저 접하고, 다양하게 경험하는 것을 중요하게 생각하고 참 좋아합니다. 만나서 반갑습니다.

온갖 커뮤니티에 다니다 보면 이런 소개는 이제 툭 치면 탁 나온다. 내 자기소개가 곧 우리 회사에 대한 홍보다. 대표님이 이걸 아셔야 하는데. 아, 새로운 프로젝트. 팀장님, 무슨 프로젝트라고요?

"다들 왔죠? 자, 추석이 두 달 남았습니다."

회의실에 팀장님과 나 포함 다섯 명.

"아… 벌써…. 설날 지난 지 얼마 안 된 거 같은데…."

유진 님의 앓는 소리로 회의가 시작된다.

"추석 황금연휴, 최대 12일까지도 나온다고 해요. 대목입니다."

팀장님은 지치는 법이 없다.

"벌써부터 공항 터질 거라고 난리더라고요."

지난달에 잡지사에서 경력직으로 입사한 태형 님이다.

"네. 황금연휴에 해외여행 나가는 고객들 대상으로 만들 브랜드 콘텐츠가 이번 프로젝트고요."

왔구나. 왔어.

"예산은요?"

언제나 숫자에 민감한 수진 님.

"최소비용, 최대효과."

하하, 네. 네네. 넵…!

"각자 생각 좀 해서 이틀 뒤에 가볍게 회의해요!"

가벼운 회의는 뭘까? 아, 질문은 금지다. 점심시간 시작하자마자 운동 가야 해.

"수빈 님, 요즘도 주말마다 성수동 가요?"

회의실을 나오는데 유진 님이 묻는다.

"네. 그저께도 다녀왔어요."

"요즘은 뭐가 트렌드예요? 나는 이제 잘 모르겠어."

"유진 님 저랑 네 살밖에 차이 안 나잖아요."

"4년이면 대학교 때 우리가 아예 마주치지를 않았다는 거잖아요."

"그건 그렇네요. 요즘은… 트렌드가 없는 게 트렌드예요."

"그게 무슨 말이에요?"

"너무 빠르게 변하기 때문에 트렌드라고 말할 수 있는 게 없는 거래요."

"와…, 말은 멋있는데 끔찍하다…."

"그렇죠? 그럼 저는 운동하러 먼저 가볼게요! 점심 맛있게 드세요!"

급히 운동복 가방을 챙기고 나서는데 유진 님이 자리에 앉아 도시락을 꺼낸다. 집에서 싸왔나보다. 나와 겨우 네 살 차이인데 훨씬 어른 같아 보이는 유진 님. 조급함이 없어 보인달까. 퇴근 후에도 딱히 약속이 있다거나 따로 배우는 게 있는 것 같지도 않다. 주말에도 집에 있었다는 말을 많이 한다. 답답하지 않을까? 뭐, 사람은 다 다르니까. 사실 나도 처음부터 이렇게 분주한 사람은 아니었다.

공부를 못하지는 않았지만 빼어나게 잘하지도 않았고, 하고 싶은 게 아예 없지는 않았지만 명확하지도 않았던 대한민국 고3 문과생이 할 수 있는 선택은 뻔했다. 성적에 맞는 대학의 경영학과에 가는 것이었다. 남들이 그렇게 하니까 다들 그러는 데 이유가 있겠거니 생각했다. 그렇게 경영학과에 들어갔더니 대강의실에 앉은 200명 모두 '내가 왜 여기 있지?'라는 얼굴을 하고 있었다. 남들 하는 대로 따라 하면 안전한 기분일 줄 알았는데 비슷한 사람들 속에 섞여 있으니 불안했다. 어영부영 1학년이 지나고 2학년도 한 학기를 지나자 슬슬 200명 안에서도 등수가 나뉘었다. 장학금을 받는 애들이 생기고 학점이 높은 사람들은 교환학생을 준비하기도 했다. 나도 열심히 안 한 건 아니었지만 이들 사이에서 1등 할 자신은 없었다. 1등은커녕 상위 집단에 들기도 힘들 것이란 확신이 들었다. 그때부터 이런 생각이 들었다. 나는 이 사람들보다 더 부지런해야 할 것 같아. 내가 잘할 수 있는 걸 찾아야 할 것 같아. 학교 밖으로 나가 뭐라도 더 배워야 할 것 같아.

점심시간 순삭. 덜 말린 머리를 휘날리며 사무실로 돌아와서 샌드위치를 대충 먹고 자세를 고쳐 앉았다. 자, 이제 생각을 해보자. 지난 프로젝트에서는 내가 낸 아이디어 반응이 별로 좋지 않았다. 나쁘지는 않은데 다른 데서 본 것 같다고 했다. 진짜 열심히 생각했는데…. 이번에 잘하면 되지 뭐.

타깃부터 생각해보자. 추석 연휴에 해외여행을 가는 사람이라면 학생보다 직장인일 가능성이 높고, 그중에서도 싱글들이 더 많이 해외에 나가겠지. 20대 후반에서 30대 중반의 싱글 남녀라고 생각하자. 직장 경력으로 치면 3~10년 차. 여행에 어느 정도 돈을 투자할 수 있는 사람들. 그렇다면 기간은? 연차를 낸다면 최대 12일이지만 그건 소수일 테고, 대부분 일주일 정도의 휴일을 갖는다. 그렇다면 역시 가까운 일본 아닌가? 요즘 엔화가 싸니까 부담도 없고. 그래도 일주일 정도 여유가 있으니 대도시보다 좀 거리가 있는 소도시로. 영화나 애니메이션 배경으로 등장했던 소도시들을 좀 찾아볼까? 슬램덩크 배경인 가마쿠라 같은 곳. 흠, 슬램덩크는 이미 유행이 지났는데 어디 다른 곳 없나? 소도시를 몇 군데 찾아 그곳 현지인 중 2030이 좋아할 만한 직업을 가진 사람들의 인터뷰를 꾸려보면 어떨까. 작은 카페를 운영하는 사장님이나 로컬 디자이너…, 어디서 좀 본 느낌인가? 그럼 제목을 세게 쓰면 어떨까. '일본 소도시에서 만난 소확행.' 왜 이런 것만 생각나지? '낯익은 친척들이 아니라 낯선 사람들과 보내는 추석여행…?' 왜 이렇게 뻔한 것 같지…? 좀 트렌디한 것 없을까….

이틀 순삭. 회의시간이 왔다.

"자, 시작해볼까요?"

조용하다.

"누가 먼저 이야기해볼까요?"

조용.

"그럼 유진 님부터?"

"아… 넵."

유진 님이 노트북을 회의실 모니터에 연결하며 이야기를 시작한다.

"코로나 이후 거의 모든 카테고리의 플랫폼에서 여행 콘텐츠를 쏟아내는 게 문제입니다. 심지어 은행에서도 여행 콘텐츠를 만들더라고요. 그래서 여행 전문 플랫폼, 소울 호스트만의 차별점을 보여주려면 목표 같은 게 있어야 한다고 생각했어요. 제가 정한 목표는, 남들이 하는 건 안 한다."

팀장님이 웃는다.

"시작이 좋네요."

"일단, 일본은 제외. 일본여행 콘텐츠는 너무 많거든요."

응? 시작부터 나랑 다르네.

"그리고 추석 때 친척들 만나기 싫으니까 떠나라는 메시지도 안 하고 싶어요."

응? 그건 왜?

"일단 너무 뻔하고요. 그리고 우리 타깃 이미지가 어떤 문화든 오픈마인드로 즐기는 사람들인데, 정작 우리나라 문화를 싫어하는 모습으로 비치는 게 멋지지 않을 것 같거든요."

아…, 나는 왜 저 생각을 못했지….

"그래서 저는 오히려 여행을 한 번도 안 가본 각 나라의 사람들을 인터뷰하고 싶습니다. 여행 대홍수 시대에 여행을 가지 않는 사람들. 그 사람들은 어떤 집에서 살고 있을지, 휴가에는 무엇을 할지, 여행자를 만나면 어떤 기분을 느낄지 궁금하지 않으세요? 저희 고객들도 분명히 궁금해하실 것 같아요."

나도 궁금하다…. 신선해….

"저도 궁금해요. 저도 이번엔 정말 일본 콘텐츠 안 했으면 좋겠어요."

태형 님은 일본여행 덕후인데도…. 일본 콘텐츠 안 가져왔나보네.

"가마쿠라 같은 소도시도 이제 모르는 사람이 없잖아요."

수진 님까지 거든다. 나만 일본 아이디어 가져왔나…? 식은땀 나네.

“접근이 좋네요. 아이디어도 재밌고.”

팀장님마저….

“수빈 님이 트렌드를 진짜 잘 알잖아요. 그래서 지난주 회의 끝나고 요즘 트렌드가 뭐냐고 물었더니 트렌드가 없는 게 트렌드라는 거예요. 그 말이 도움이 됐어요. 없는 트렌드 좇으려고 노력하지 말고, 그냥 우리 길을 가야겠다 싶었거든요.”

“오~ 수빈 님 아이디어 기대되네요. 다음은 수빈 님 말해볼래요?”

손이 축축하다. 덥다. 개더워. 아쎄 운 까로르 데 뻬로스….

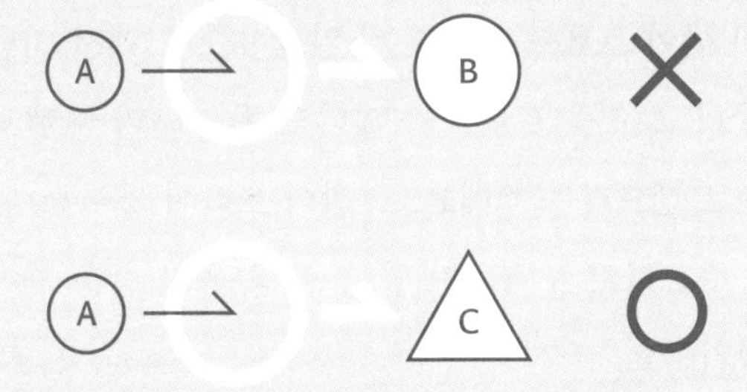


내가 살아 있는 트렌드인데 왜 내 아이디어는 트렌디하지 않지? 자신의 다양한 경험을 반짝이는 아이디어로 만드는 분들도 있지만 그렇지 못한 사람들이 더 많습니다. 아침저녁으로 뉴스레터와 유튜브로 트렌드를 익히고 책을 읽고 영화를 보며 끊임없이 인풋을 넣는데도 회의실의 아웃풋은 평범할 수 있습니다. 인풋이 이렇게 많은데 왜 아웃풋이 제대로 안 나오지? 이런 고민을 하는 분들에게 '읽으면서 발견하기' 게임을 추천합니다.

게임 **읽으면서 발견하기**

# 읽으면서 발견하기

네 번째 게임, 거의 다 왔습니다. 잘 따라오고 계신가요? 세 번째 게임이 내가 좋아하는 문장들을 아이디어로 옮겨오는 연습이었다면, 이번에는 모르는 책 속으로 뛰어들어 아이디어를 낚아오는 게임입니다. 무인도에 떨어졌다고 생각해보세요. 배가 고파서 뭐라도 먹어야겠는데 먹을 것이 하나도 없습니다. 눈앞에는 바다가 있어요. 주변을 보니 놀랍게도 그물이 하나 있네요. 어떻게 해야 할까요? 심호흡 한번 하고 바다에 들어가서 물고기를 건져와야죠.

우리의 현실로 돌아와봅시다. 내일까지 뭐라도 써내야 하는데 좀처럼 생각이 나지 않습니다. 좋아하는 문장을 모아둔 아카이브 폴더도 다 훑어봤는데 이번에는 가져올 것이 없네요. 어떻게 해야 할까요?

엉덩이를 떼고 일어나 책장 앞으로 가세요. 자료실이나 도서관, 서점 모두 좋습니다. 묵직한 책보다는 가벼운 에세이나 잡지를 골라 들고 펼쳐보세요. 새로운 걸 생각해야 한다는 압박 때문에 머리가 복잡할 테지만 잠깐 생각을 멈추고 빠르게 책을 훑어보는 겁니다. 내 브랜드와 내 과제를 머릿속에 넣고 읽기 시작합니다. **특정한 브랜드가 머릿속에 있는 사람은 전혀 관계없는 책을 볼 때도 모든 문장이 다 그 브랜드의 관점으로 보입니다.** 집중해서 읽거나 끝까지 읽을 필요도 없어요. 바다에서 그물을 들고 휘휘 저으며 물을 뜨다 보면 어쩌다 물고기가 건져지듯 그렇게 읽는 거예요. 그렇게 책장을 넘기다 보면 '어? 이 문장…?' 하는 순간이 옵니다. 요리책을 보다가 '그래. 보험에 가입하려는 사람도 이런 마음일지 몰라'라는 생각이 들기도 하고, 명상책을 보다가 '운전도 명상이랑 비슷한 면이 있네'라는 생각이 들기도 하죠. 그렇다면 이번 낚시는 성공입니다. 이렇게 영감을 주는 문장이라면 가져와서 내 아이디어에 적용해볼 수 있어요. 물론 허탕을 칠 수도 있죠. 그럼 빨리 다른 책으로 넘어갑니다. 중요한 것은 책이 너무 재미있거나 너무 재미없어도 그물을 놓지 않는 거예요. 우리가 꼭 쥐고 있어야 할 그물은 무엇일까요? 내 브랜드입니다. 그 브랜드의 이미지를 머리에 심고 읽으세요. 혹시 독서모임에 나가고 있다면, 네 번째 게임을 모임에서 해보시는 것을 추천합니다. 함께하면 더 재미있는 게임이거든요. 그럼 이제 직접 해볼까요?

어떤 책이든 상관없지만 이 게임을 할 때 가장 많이 추천한 책은 무라카미 하루키의《만약에 우리의 언어가 위스키라고 한다면》이라는 에세이입니다. 얇고 재미있으면서 좋은 문장이 많아 빠르고 신나게 읽기 좋거든요.《만약에 우리의 언어가 위스키라고 한다면》을 함께 읽는다 생각하고 게임을 진행해볼게요.

책을 읽기 전에 먼저, 나의 브랜드를 정해볼까요? 제가 좋아하는 브랜드를 6개 적어봤습니다. 다음 중 하나를 골라보세요. 평소에 좋아하던 브랜드여도 좋고 여러분이 담당하는 브랜드와 유사한 브랜드여도 좋습니다.

랜드로버 | 야나두 | 라이카 |

LG 올레드TV | 현대해상 | LOMA 샴푸

고르셨나요? 여러분이 그 브랜드의 담당자라고 생각하고 책을 읽어봅시다. 읽다가 나의 브랜드와 어울리는 문장을 만나면 전부 줄을 그어보세요. 저는 거칠고 야성적인 SUV만을 고집해서 만드는 자동차 회사, 랜드로버의 콘텐츠 마케터가 되어 책을 읽어봤습니다.

**랜드로버**

▶ 일생에 단 한 번만이라도 팬케이크를 질리도록 실컷 먹어보고 싶었다.

▶ 나도 혼자 어디 먼 곳에 가서 그 고장의 맛있는 위스키를 마셔보고 싶구나.

이런 마음이라면 이번 주말 랜드로버를 몰고 떠나야죠. 랜드로버와 함께하는 전국 팬케이크 투어 콘텐츠는 어떤가요? 어쩐지 터프할 것 같은 랜드로버 유저들이 귀여워지는 순간이네요. 랜드로버에 시동을 걸고 어딘가로 떠나는 모습 위에 붙이면 참 좋을 카피들이기도 합니다.

▶ 궂은 계절을 있는 그대로 받아들여 기꺼이 즐기는 것이다.

▶ 세차게 부는 바람 위로 훌쩍 올라탄다.

▶ 진취적 기질이 우리의 전통인 셈이야.

▶ 일단 핸들을 잡으면 인격이 변해버리는 모양이다.

핸들을 움켜쥐고 자연으로 뛰어드는 랜드로버 드라이버들의 모험적인 일상이 그려집니다. 진취적 기질이 우리의 전통이라니 대대로 랜드로버를 타는 어떤 가족의 이야기를 인터뷰해보고 싶다는 생각도 들고요. 일단 저도 한 대 사고 싶네요.

▶ 인생이란 이토록 단순한 것이며,
이다지도 아름답게 빛나는 것이다.

▶ 나는 지금 살아 있구나.

▶ 나는 여행의 또 다른 하루 속으로 한발을 내딛고 있었다.

랜드로버가 줄 수 있는 정서적 가치, 최고의 기쁨을 문장으로 표현한다면 이런 것 아닐까요?

▶ 시대가 달라져도 그 방식을 바꾸지 않는다.

▶ 누구의 흉내도 내지 않는다.

랜드로버에서 일하는 사람들은 이런 철학을 가지고 있을 것 같고요. 이런 철학이 콘텐츠로 만들어질 수도 있겠네요.

무라카미 하루키가 랜드로버를 염두에 두고 글을 쓴 것이 아닐 텐데, 랜드로버에 딱 맞는 문장들이 이렇게 많이 나오는 게 신기하죠? 책과 브랜드를 바꿔가며 여러 번 이 게임을 해보았는데, 언제나 이렇게 신기한 일이 일어났어요. 이것이 이 게임의 즐거움입니다.

랜드로버 콘텐츠 마케터님들, 제가 발견한 것과 다른 문장을 발견하셨다면 모두 적어보세요.

▶

▶

▶

이번에는 야나두 담당자가 되어볼까요? 왕초보용 영어회화 앱 야나두를 염두에 두고 책을 읽었더니 이런 문장들을 발견했어요.

**야나두**

▶ 위스키를 테마로 한 여행을 하기로 마음을 정한 것이다.

그럼 뭘 준비해야 되죠? 영어죠.

▶ 우리는 절대로 그에게 말을 걸지 않아.

▶ "당신은 싱글 몰트 위스키를 매일 마십니까?"

"예스."

"맥주는 별로 안 마십니까?"

"예스."

▶ 이게 도대체 뭐지?

외국인에게 절대로 말을 건네지 않는 자, 무조건 "예스"라고 말하는 자, 메뉴판 속 낯선 단어 앞에 사색이 된 자. 영어 초보자의 해외여행을 보여주는 문장들이네요.

▶ 시간이 지나면서 얻는 게 있으면 잃는 것도 있게 마련이거든.

▶ 세상에는 입을 열기까지는 다소 시간이 걸리지만,
일단 말문이 트이면 온화한 어조로
몹시 재미난 이야기를 들려주는 사람이 있다.

그렇습니다. 한때 영어를 꽤 했던 시절도 있는데 이제는 다 잊어버린 사람도, 한국어로는 끝도 없이 주변을 웃기지만 영어 앞에서는 과묵해지는 사람도 모두 야나두의 타깃입니다.

뭐죠, 이 책? 분명히 아까는 야성적인 랜드로버를 위한 책 같았는데, 이번에는 야나두를 위한 책이 되었네요. 야나두를 위한 아이디어도 쏟아집니다. 책 때문이 아니에요. 여러분이 발견하고자 했기에 발견한 것입니다.

야나두 콘텐츠 마케터님들, 저와 다르게 더 발견한 문장이 있다면 모두 적어주세요.

▶

▶

▶

다음은 라이카입니다. 기술과 감성이 충만한 카메라, 라이카를 위한 문장은 뭐가 있을까요?

**라이카**

▶ 고개를 들어 어두운 창밖의 파도와 비와 바람소리에 귀를 기울인다.

▶ 자신도 모르는 사이에 말투나 걸음걸이가 조금씩 느려진다. 하늘을 바라보거나 바다를 바라보는 시간이 차츰 길어진다.

▶ 세상에는 섬의 수만큼 섬의 슬픔이 있다.

라이카 카메라로 사진을 찍는 사람은 어쩐지 소리에도 귀를 기울이는 감각적인 사람이지 않을까 싶습니다. 혹은 남들보다 조금 느리게 사는 사람. '슬로 여행'이나 '느린 산책', '느린 미식'을 주제로 콘텐츠를 만들어봐도 좋을 것 같습니다. 세계의 섬들을 돌아다니며 섬 사진을 찍는 분들도 있죠. 섬의 매력은 뭘까요? 생각이 꼬리를 물고, 화가로서 크게 인정받지 못하고 좌절하던 때 타히티 섬으로 들어간 고갱의 이야기가 생각나기도 합니다. 라이카에 대한 빤하지 않은 아이디어가 떠오르네요.

▸ 이 순간은 또 이 순간 나름대로 근사하다.

▸ 예리하고 절제된 문체와도 같다.

▸ 어스름 속에서 새어 든 빛줄기를
가늘고 섬세한 손끝으로 더듬는 듯한

사진을 순간의 예술이라고 하죠. 멋있는 말이지만 너무 많이 소비된 문장이기도 합니다. "예리하고 절제된 문체와도 같다"라는 문장은 라이카와 잘 어울리면서도 한 번도 들어보지 못했던 표현이네요. "섬세한 손끝으로 더듬듯 찍은 사진 같다"는 문장은 어떤가요? 저는 마음에 듭니다.

▸ '뭐 대충 이 정도면 되겠지' 하는 안일한 생각은 하지 않는다.

라이카를 만드는 사람들, 라이카를 선택한 사람들은 이런 마음가짐을 가지고 있을 거라 생각하니 다른 카메라가 아니라 라이카를 사야 할 이유가 생긴 것 같아요.

▸ 내가 위스키 만드는 일을 좋아하는 까닭은
그것이 본질적으로 낭만적인 직업이기 때문이지.

여기서는 '위스키 만드는 일'을 '사진 찍는 일'로 바꿔 보고 싶어요. 라이카로 사진을 찍는 사람이 스마트폰으로 찍는 사람보다는 확실히 낭만적으로 보이잖아요.

라이카 콘텐츠 마케터님들이 발견한 문장도 모두 적어 주세요.

▶

▶

▶

자동차와 영어회화 앱, 카메라는 여행을 주제로 한 책과 잘 어울려서 아이디어가 쏟아지는 것 아니냐는 질문을 할 수도 있을 것 같습니다. 내 브랜드와 관련 있는 책이 아무 관계도 없는 책보다 더 도움이 되는 것은 사실입니다. 빠르게 많은 영감을 얻고 싶다면 관련된 책을 골라 보세요. 하지만 내 브랜드와 전혀 관계없는 책을 펼쳐도 재미있는 카피를 발견할 때가 있어요. 실제 같은 선명한 화질을 자랑하는 LG 올레드TV가 그런 사례입니다.

**LG 올레드TV**

▶ 나는 그 광경을 선명하게 떠올릴 수가 있다.

▶ 영혼의 한 가닥 한 가닥까지 모조리 선연하고
극명하게 부각시키는

▶ 잉그리드 버그만의 미소처럼 은근하고
크리미한 것이 되기도 하고, 모린 오하라의 입술처럼
하드한 긴장감이 감돌기고 하고, 혹은 로렌 바콜의
눈동자처럼 하염없는 쿨함을 내비치기도 한다.

이 TV의 색감이 얼마나 선명하고 섬세한지 이렇게 말

하고 싶어요.

▶ 그 순간 완전히 긴장을 풀고 휴식을 취하고 있었다.

▶ 잠들기까지는 그리 오랜 시간이 걸리지 않았다.

TV가 줄 수 있는 기쁨이 선명한 화질만은 아니죠. 완벽한 휴식을 주기도 합니다.

▶ 천사가 하늘에서 내려와 아름다운 음악을 연주하려는 순간에 텔레비전 재방송 프로그램을 트는 거나 마찬가지

이 문장에서 텔레비전은 부정적인 의미로 쓰였지만 한 번 비틀어서 써보는 건 어떨까요? 아무리 옆에서 기적 같은 일이 일어난다 해도 TV에서 눈을 뗄 수 없을 수도 있잖아요. 그게 LG 올레드TV라면 말이죠.

▶ 누가 애써 여행 같은 걸 한단 말인가?

▶ 뭘 좀 아는군.

여행에서보다 소파에 앉은 채로 더 생생한 경험을 할

수 있다면, 굳이 피곤하게 직접 가지 않아도 되겠죠. 뭘 좀 아는 사람이라면 편한 옷으로 갈아입고 리모컨만 누르면 됩니다.

LG 올레드TV 콘텐츠 마케터님들도 재미있는 카피를 발견하셨으리라 생각합니다. 적어보세요.

▶

▶

▶

**현대해상**

▶ 인생의 시작과 끝은 위스키와 함께

▶ 인생을 즐기는 방식

생로병사와 함께하는 보험, 인생의 시작과 끝을 위스키가 아니라 현대해상과 함께해도 좋겠네요. 인생을 즐기는 방식도 마찬가지예요. 인생을 더 과감하게 즐기려면 보험 하나 정도는 있어야겠죠.

▶ 서툰 뱃사람은 물론 이 섬에 사는 숙련된 뱃사람이라도 위험하기는 마찬가지다.

보험이 필요하지 않은 사람은 없습니다. 뱃사람을 운전자로 바꾼다면, 서툰 운전자도 숙련된 운전자도 위험하기는 마찬가지. 운전자 보험이 필요하겠네요.

▶ 아일랜드 사람들은 대부분 웃음 띤 얼굴에 무척 친절하지만 일단 핸들을 잡으면 인격이 변해버리는 모양이다.

여행자 보험에 딱 맞는 문장입니다. 아일랜드 가기 전에는 꼭 보험 들고 가야겠네요.

현대해상 콘텐츠 마케터님들이 발견한 문장들도 적어 주세요.

▶

▶

▶

**LOMA 샴푸**

▶ 그 독특한 맛과 향이 한번 맛을 들이면
헤어날 수가 없기 때문이다.

▶ 숲에는 저마다 그 숲의 냄새가 있다.

향에 관한 다양한 아이디어가 떠오릅니다. 인공적인 향이 아니라 숲처럼 자연스러우면서도 시원한 향, 각자가 가진 숲에 관한 기억이 상기되는 광고를 만들 수 있을 것 같아요.

▶ 아일랜드의 아름다움이 우리에게 내미는 것은
감동이나 경탄보다는 오히려 위안과 진정에 가까운 것이다.

화려한 향이 나거나 탈모를 예방해주는 기능성 샴푸가 아니라도 매일매일 오래도록 쓰고 싶은 샴푸는 이런 것 아닐까요. 아일랜드의 아름다움을 LOMA 샴푸로만 바꿔도 이 브랜드가 나에게 어떤 가치를 줄지 상상이 되네요.

▶ 소수의 사람들이 남몰래 즐겨왔을 뿐.

▶ 이런저런 설명은 필요 없어.

아직 유명하지 않은 브랜드라면, 소수의 사람들이 남몰래 즐겨왔다는 점을 어필할 수도 있죠. 반대로 아주 대중적인 브랜드라면 말이 필요 없는 제품이라고 말할 수 있고요. LOMA 샴푸는 어떤 브랜드인가요?

LOMA 샴푸 콘텐츠 마케터님들은 어떤 아이디어를 발견하셨나요? 모두 적어주세요.

▶

▶

▶

해결

# 실시간으로 아이디어를 낚아내다

자, 이제 소울 호스트의 콘텐츠 마케터 수빈 님의 문제를 해결해볼까요?

수빈 님은 성실하고 세련된 사람이죠. 누가 시키지도 않았는데 자신의 시간을 오롯이 투자해 새로운 것을 배우러 다닙니다. 회사에서 돈을 주는 것도 아닌데 새로운 경험을 위해 나갑니다. 무언가를 창작하는 일을 하는 회사에서 이런 팀원이 있다면 정말 든든할 것 같아요. AI도 모르는 오늘의 트렌드에 대해 말해줄 사람이 있으니까요. 이렇게 스펀지처럼 트렌드를 흡수하는 사람이 자신이 보고 듣고 배운 것을 아이디어로까지 연결시킬 수 있다면 얼마나 좋을까요?

영화 〈매니페스토〉에는 이런 대사가 나옵니다.

> 독창적인 것은 없어. 어디서든 훔쳐 올 수 있어.
> 영감을 주거나 상상력을 자극하는 거라면
> 뭐든지 얼마든지 집어삼켜. 옛날 영화, 요즘 영화,
> 음악, 책, 그림, 사진, 시, 꿈, 마구잡이 대화, 건물,
> 구름의 모양, 고인 물, 빛과 그림자도 좋아.
> 너희 영혼에 바로 와닿는 게 있다면 거기서
> 훔쳐 오는 거야. 독창성은 존재하지 않으니까
> 훔쳤다는 걸 숨길 필요 없어.
> 원한다면 얼마든지 기념해도 좋아.
> 하지만 장 뤽 고다르가 한 말은 꼭 기억해야 해.
> **'문제는 어디서 가져오느냐가 아니라,**
> **어디로 가져가느냐'다.**

어디서 가져오느냐가 아니라, 어디로 가져가느냐. 저는 장 뤽 고다르의 이 말을 무척 좋아합니다. 창작하는 사람들이 많이 하는 말이 있습니다. '하늘 아래 새로운 것은 없다.' 문자의 탄생 이전부터 창작이 있었습니다.

그리고 언어는 이미 수천 년 동안 셀 수 없이 많은 사람이 사용해왔죠. 같은 언어를 가지고 독창적인 아이디어를 만드는 것은 불가능에 가까울 정도로 어렵습니다. 하지만 이미 있는 아이디어를 다른 곳으로 가져갈 수는 있어요. A 자동차를 위한 아이디어를 B 자동차를 위한 아이디어로 가져간다면 어디선가 봤던 아이디어가 되지만, 이 자동차를 위한 아이디어를 전혀 다른 카테고리, 예를 들어 라면을 위한 아이디어로 가져간다면 새로움이 탄생합니다. 위스키를 위한 문장을 자동차로, 영어교육으로, 보험으로 가져갔더니 새로움이 탄생한 것처럼요. 이것을 좀 더 쉽게 하는 방법은 무언가를 보고 듣고 배울 때 내가 해결할 문제를 염두에 두고 보는 것입니다. 수빈 님이 재테크 커뮤니티에 갈 때, 운동을 갈 때, 독서모임에서 책을 읽을 때, 팝업 스토어 구경을 갈 때마다 자신의 브랜드를 생각한다면 쏟아지는 인풋 사이에서 전구가 켜지는 순간들을 만날 거예요. **전혀 다른 분야의 아이디어가 내 분야의 아이디어로 연결되는 순간 새로운 것이 탄생하니까요.** 이번 게임의 핵심이 이것입니다. '어디로 가져가느냐.' 장소와 장르를 가리지 말고 다양하게 보고 읽으세요. 그리고 거기서 건져낸 아이디어, 낚아낸 문장을 나의 세계로 가져오세요. 가장 먼 곳에서 잡아오는 것이 마케터의 기술입니다. 그럼, 다시 《만약 우리의 언어가 위스키라고 한다면》에서 소울 호스트의 추석맞이 콘텐츠 아이템을 낚아볼까요?

**소울 호스트**

- ▶ 질 좋은 위스키와 잔 하나를 테이블 위에 올려놓고 전화선은 뽑아버린다.
- ▶ 그 가게만의 독특한 '일상적 이야기'를 한껏 즐길 수 있었다.

9월 또는 10월. 한 해도 4분의 3이 지난 시점. 여름휴가 다녀온 기억이 가물가물하고 체력은 깜빡깜빡 방전되기 직전의 상태. 전화선이 없는 곳, 요즘이라면 와이파이가 터지지 않는 곳이겠네요. 인터넷이 연결되지 않는 디지털 사각지대는 어디일까요? 그곳에는 어떤 사람들이 살고 있을까요? 이번 추석에는 디지털 디톡스 여행을 떠나보는 건 어떨지 추천하고 싶네요. 그 집만의 독특한 '일상적 이야기'를 경험해보자고 제안하는 건 어떨까요?

▶ 생굴에다 싱글몰트를 끼얹어 먹으면 맛이 기가 막혀.

▶ 우리는 이 작은 섬에서 정말 좋은 위스키를 만들고 있다고.

▶ 스코틀랜드인은 모두 어딘지 모르게
나름대로는 완고한 구석이 있다.

▶ 좀 색다르지만 나쁘지 않은걸.

생굴은 초장만 찍어 먹어 봤는데, 생굴에 싱글몰트를 끼얹어 먹으면 맛이 기가 막히다니 너무 궁금하지 않나요? 거기다 그 위스키가 그 동네에서 만든 로컬 위스키라면 이야기는 더 재밌어지지요. 요즘 우리나라에서도 위스키 소비량이 늘고 있다고 하죠. 하이볼의 유행 덕분에 젊은층도 위스키를 다양한 방법으로 즐깁니다. 이런 흐름을 타서 생굴과 위스키처럼 위스키를 색다르게 즐기는 방법을 제안하면 어떨까요? 그런 나라와 도시를 소개한다면 그냥 추석에 떠나는 여행이 아니라 아주 특별한 이야기가 담긴 여행이 될 것 같습니다. 그런 여행을 다녀온 분들에게 이런 말을 듣는다면 좋겠네요. "색다르지만 나쁘지 않네."

▶ 좋은 술은 여행하지 않는 법이다.

▶ 가장 나중에 오는 건 사람이야.

이 말처럼 여행 욕구를 자극하는 말이 또 있을까요? 좋은 술은 여행하지 않는다. 여행은 사람이 가는 거죠. 그 여행지에서만 즐길 수 있는 것을 발견하기 위해서요. 이 문장은 단어만 변형해도 다양한 아이디어가 나올 수 있을 것 같아요. '좋은 복숭아는 여행하지 않는 법이다'라고 한다면, 납작 복숭아를 만나러 가는 남유럽 여행은 어떨까요? '좋은 코끼리는 여행하지 않는 법이다'라고 한다면요? 태국 치앙마이에는 학대받은 코끼리를 위한 보호센터가 있다고 하더라고요. 멀리서 지켜보기만 해도 되고, 함께 걷거나 목욕시키는 일을 자원봉사로 할 수 있다고 합니다. 이런 보호센터를 연 건 어떤 사람들일까요? 이런 곳에 봉사를 하러 오는 사람들도 만나보고 싶지 않나요? 평생 잊지 못할 추석 연휴를 보내는 방법일 수 있습니다.

▶ 무언가를 버리지 않고서는 아무것도 얻을 수 없다.

사람마다 여행에서 가장 중요하게 생각하는 가치가 다

르잖아요. 밸런스 게임으로 콘텐츠를 꾸려보는 건 어떨까요? 일주일 동안 5성급 숙소 머물며 라면만 먹기 vs 일주일 동안 16인실 도미토리에서 묵으며 미슐랭 레스토랑 돌기. 퍼스트 클래스 타고 이코노미 클래스 기내식 먹기 vs 이코노미 클래스 타고 퍼스트 클래스 기내식 먹기. 잠자리와 음식 중 무엇을 포기할 수 있나요? 행복한 고민이네요.

수빈 님처럼 새로운 것을 보고 배울 시간이 없다고요? 우리가 한 것처럼 책장에 꽂혀 있는 책 한 권에서도, 드라마나 유튜브를 보면서도, 심지어 친구와 수다를 떠는 순간에도 아이디어를 건져낼 수 있습니다. 머릿속에 '내 브랜드'라는 그물을 치는 것만 잊지 마세요. 중간중간 반드시 그물에 걸리는 아이디어들이 있을 겁니다. 시간이 없다면, 브랜드를 머리에 두고 빠르게 뉴스나 영감을 주는 SNS를 읽어보세요. 딱 맞는 문장을 반드시 발견하고 말겠다는 의지를 갖기보다는 조금 설렁설렁하게 많이 읽고 많이 보세요. 그럴 때 오히려 좋은 아이디어를 건지실 거예요. 그리고 그 아이디어는 그냥 책상 앞에서 나온 컨셉보다 훨씬 더 재미있고 입체적일 겁니다.

5장

# 아이덴티티

# 셀프 브랜딩 시대에 정체성 찾기

글 쓰는 것을 좋아해서
독립출판물로 에세이를 출간하는 것이
올해의 목표인 심가람 님.
책을 처음 쓰려니 나라는 사람이 누구인지,
나의 인생을 어떻게 표현해야 하는지,
나에 관해 무엇을 써야 하는지
새삼스레 고민이 되는데….
어떻게 하면 한 줄의 컨셉으로 나를 표현할 수 있을까요?

## 문제 독립출판을 기획 중인 심가람입니다

여행 유튜버 '빠니보틀'이 올리는 지구 어딘가의 영상들에 푹 빠져 있을 때, 그의 인스타그램을 찾아본 적이 있다. 그때 당시 그는 프로필에 본인을 이렇게 소개하고 있었다.

당신의 훌륭한 일회용 친구

뭐지, 이 엄청난 자기 객관화는…? 소개글에 여행 유튜버라는 직업이나 본명을 쓰지 않은 것도 신선했지만 무엇보다 '훌륭한'과 '친구' 사이에 '일회용'이라는 단어를 끼워 넣은 파격적인 선택이 인상적이었다. 강점과 약점이 황금비율로 섞여 대체 불가한 매력적인 친구가 되었네. 그리고 곰곰이 생각해볼수록 고개가 끄덕여졌다. 그가 일주일에 한 번 정도 올리는 20여 분짜리 여행 영상을 나는 주로 혼자 밥 먹을 때 본다. 그때만큼은 내 얼굴과 스마트폰의 거리처럼 그가 그렇게 가깝게 느껴질 수가 없다. 웃고 공감하다 보면 웬만한 친구보다 훨씬 낫다는 생각이 든다. 하지만 영상이 끝나면 다른 영상으로 넘어가며 금방 그를 잊는다. 다시 영상이 업로드될 때까지 그와 만나는 일은 거의 없다. 이보다 더 훌륭한 일회용 친구가 있을까. 이렇게 본인의 정체성을 정의해두니 여행이 아닌, 드라마 같은 다른 장르의 콘텐츠를 만든 그의 이력도 이해가 가고, 군더더기 없이 깔끔한 편집도 본인의 지향점을 담아낸 것이었다는 생각이 들 정도였다. 엄청나네. 어떻게 하면 이렇게 자신을 꿰뚫는 컨셉을, 그것도 한 줄로 쓸 수 있을까?

다른 사람들은 자신을 어떻게 표현하고 있을까? 그 이후로 사람들의 SNS 프로필을 유심히 들여다본다. 그것이 직업이든 성격이든 어떤 한 줄은 그 한 줄만으로 진솔하고 매력적인 인생을 사는 사람으로 느껴지게 했고 어떤 한 줄은 거리감과 위화감을 만들기도 했다. 장점은 적당히 유머가 섞여야 했고 단점은 적당히 초라하지 않게 느껴져야 했다. 어렵네. 자소서만 어려운 줄 알았는데 SNS 자기소개도 어려워. 이런 고민을 하던 어느 날, 나를 가장 잘 아는 친구를 만났다. 나라는 사람을 표현할 컨셉이 필요하니까 나의 장단점을 가감 없이 말해달라고 했더니 맥주부터 한잔 시키자고 했다. 맥주 한 모금과 함께 진솔한 이야기가 나오기를 기대하고 있는데 대답 대신 게임을 하나 가르쳐준다고 한다.

"너의 고민을 바로 해결해줄 게임이 있어."

"게임?"

"응. 4명 정도 모였을 때 하면 좋은 게임인데."

"술게임이네."

"일단 가위바위보를 해서 진 한 명이 주인공이 되는 거야."

"져야지 주인공이 되는 거니까…, 좋은 건 아니겠네."

"너의 장점은 눈치가 빠른 걸로 하자."

"주인공이 된 다음엔?"

"어어. 나머지 3명이 주인공이 못 듣게 상의해서 주인공의 장점을 종이에 적는 거야. 구체적으로."

"예를 들면?"

"뭐…, 코 옆의 점이 귀엽다거나 친구가 힘들 때 위로를 잘해준다던가 밥을 잘 산다거나 그런 것들."

"그런 다음에?"

"그걸 주인공이 계속 질문하면서 맞히는 거야."

"그걸 어떻게 맞혀?"

"스무고개처럼 하면 되지. '외모에 대한 거야?'라고 묻고 아니라고 하면, '성격에 대한 거야?' 이렇게 질문하면서 점점 좁혀가는 거지."

"별로 재미없을 것 같은데."

"아냐, 재미있어. 이게 짓궂은 구석이 있거든. 본인의 속마음을 남에게 드러내는 거잖아. 네가 너의 장점을 입 밖으로 소리 내서 말하는 장면을 상상해봐."

"술게임 맞네."

"외모에 대한 장점이라고 해보자. 네가 평소에 생각하던 것을 말하겠지. 하지만 대놓고 말하기가 좀 그럴 거 아니야. 그래서 고민하다가 적당한 선에서 말하는 거야. '웃는 모습이 귀엽다…?' 섹시하다고 하는 것도 아니고 귀엽다고 하는 정도는 괜찮지 않나? 하면서."

"음…."

"그러고 친구들의 반응을 보는 거지. 우리가 어색하게 웃겠지? 그리고, '귀여운 건 맞는데 웃는 모습이 아니라 좀 다른 거 말해봐'라고 하는 거야."

"그래…?"

"그럼 네가 고민하다가 조금 더 수위를 낮춰서 '콧주름이 귀엽다…?' 이러는 거야. 어때?"

"수치사할 것 같아."

"바로 그거야."

"이게 무슨 효과가 있는데?"

"너무 창피해서 미칠 것 같잖아? 하지만 너의 장점을 객관적으로 알게 되는 거지. 너는 평생 웃는 모습이 귀엽다고 생각하며 살았는데 사람들은 그냥 코 옆에 점이 귀여운 정도로 생각한다는 사실을 알게 되는 거잖아."

"잔인하네."

"값진 거지."

"음… 그런가."

"장점이 어려우면 단점으로 해도 돼. 네가 생각하는 너의 단점은 '성격이 급하다' 정도일 거잖아."

"누가 그래?"

"그런데 친구들이 생각하는 너의 단점은 '남의 말을 전혀 듣지 않고 독단적이다'인 거야."

"내가 독단적이야?"

"아니, 예를 들어서 그렇다는 거지."

"내가 남의 말을 전혀 안 들어?"

"심가람, 내 말 좀 들어봐. 게임 설명하는 거잖아. 지금 해볼까?"

나의 장단점을 알고 싶은 거지 절교하고 싶은 것은 아니라서 이 게임은 하지 않기로 했다.

나의 컨셉에 이토록 몰두하는 이유는 올해 목표가 나의 첫 에세이를 독립출판하는 것이기 때문이다. 어렸을 때는 일기 쓰는 게 구몬수학 풀기보다 싫었다. 그런데 나이를 먹고 취직한 뒤, 하루 종일 떠들었는데 단 한마디도 솔직하게 말하지 않았다는 걸 알게 된 어느 날부터 글쓰기가 좋아졌다. 집에 가는 버스에서 스마트폰 메모장에 끄적이기도 하고, 자기 전 블로그에도 자주 글을 올렸다. 그렇게 10년이 지나니 글쓰기가 꾸준히 하는 몇 안 되는 취미가 됐다. 글을 쓰면서는 막연하게 언젠가 내 이름이 박힌 책을 출간해보고 싶다는 꿈을 품었다. 그러다가 더 이상 미루지 않기 위해 새해 목표로 세운 것이다.

하지만 막상 책을 낸다고 생각하니 막막했다. 책은 블로깅과 다르게 하나의 주제의식이 있어야 하는데, 그것을 무엇으로 할지 정하기가 쉽지 않았다. 서점에 가서 출간된 에세이들을 봤더니 요리, 운동, 산책처럼 본인이 좋아하는 것에 대해 쓰거나 번아웃, 우울증 등 오래도록 가진 고민들을 다룬 책이 많았다. 나도 내가 좋아하는 라면에 대해 써볼까. 내가 라면 이야기로 책 한 권을 쓸 수 있을까. 정말 라면에 대해 쓰고 싶은 걸까. 생각할수록 이왕 책을 쓴다면 취미의 영역보다는 좀 더 깊고 넓게 나라는 사람을 탐구해보고 싶어졌다. 어차피 내 돈으로 내 시간을 들여 낼 책이고 컨펌할 사람이 나뿐이라면 주제를 '나'로 해도 되는 것 아닌가. 나는 어떤 사람일까. 잘하는 것은 무엇이고 싫어하는 것은 무엇일까. 나는 어떤 사람이 되고 싶은가. 어떻게 살고 싶은 거지. 35년간의 인생을 정리해보는 작업인 동시에 앞으로 어떤 인생을 살고 싶은지 선명하게 해주는 글쓰기. 한마디로 셀프 브랜딩을 해낸다면 언젠가 만들고 싶은 내 브랜드에도 도움이 될 것 같았다. 아아, 점점 어려워진다. 내 책, 대체 어디서부터 시작하는 거지?

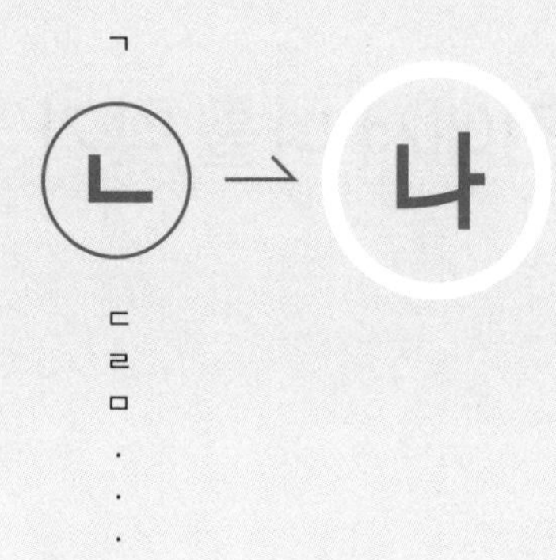


브랜딩도 셀프라니.

누구도 원하지 않았지만 모두에게 와버린 셀프 브랜딩의 시대.
전 국민이 유튜브를 하고 인스타그램이 포트폴리오가 된 지
오래이며 독립출판도 얼마든지 가능한 시대입니다.
그럼에도 불구하고 자기소개는 여전히 왜 그렇게 낯간지러운지
모르겠어요. '나'라는 사람의 컨셉은 나를 표현하는 단어를
아는 것에서부터 시작합니다. 셀프 브랜딩의 시작점에 서 있는
여러분을 위해 '사전에서 나를 찾기' 게임을 추천합니다.

게임 

# 사전에서 나를 찾기

드디어 마지막 게임입니다. 〈인생 첫 카피〉 마지막 시간에는 언제나 와인과 간식을 가져와 먹으면서 수업을 진행했어요. 마지막까지 잘해냈다는 축하의 의미도 있지만 이 시간에는 조금의 취기가 도움이 되는 게임을 하기 때문인데요. 마지막 게임은 바로 '나'를 브랜딩하는 시간입니다. 내가 가장 잘 알지만 가장 자랑하기 힘든 브랜드, 바로 '나'죠. 앞선 게임에서 말씀드렸던 것처럼 컨셉라이팅이란 브랜드의 강점을 집요하게 찾아내 그 가치를 극대화하여 쓰는 것입니다. 하지만 그 대상이 자신이라면, 강점보다 약점이 눈에 밟히고 애써 찾아낸 강점을 글로 쓰기 멋쩍습니다. 중이 제 머리 못 깎는다는 말 뒤에 괜히 숨고 싶어지고요. 그런데 제가 얼마 전에 SNS에서 봤는데요, 대부분의 스님이 스스로 머리를 잘 깎는다고 하더라고요. 일주일에 한 번씩 깎아서 눈 감고도 깎을 수 있다고 하던데요? 배신감이 느껴집니다. 우리도 해내야겠죠.

요즘 세상에 종이 국어사전을 보는 사람이 있을까요? 네, 바로 여러분입니다. 이번 게임은 국어사전이 있으면 좋아요. 집에 국어사전을 가지고 있는 분이 이제는 많지 않을 텐데요. 부모님 집에 한번 가보세요. 책장 한구석에 여러분이 어렸을 때 쓰던 국어사전이 아직 있을지 모릅니다. 전자사전 세대라고요? 그럼 헌책방에 가서 한 권 사도 좋아요. 도서관에서 빌려 봐도 좋고요. 이도 저도 귀찮다면 아쉽지만 인터넷 국어사전을 활용해서 진행할 수도 있지만, 이 참에 한 권 들이시길 추천합니다. 자, 시작해볼까요?

국어사전의 색인은 14개의 자음으로 구성되어 있죠. 그중 아무거나 한 개를 골라보세요.

ㄱ ㄴ ㄷ ㄹ ㅁ ㅂ ㅅ ㅇ ㅈ ㅊ ㅋ ㅌ ㅍ ㅎ

고르셨나요? 자신의 이름에 들어간 자음을 고르는 분들이 많더라고요. '노윤주'라면 'ㄴ', 이렇게요. 이런 시작도 좋습니다. 자음을 골랐다면 이제는 국어사전에서 내가 선택한 자음 부분만 훑어보는 거예요. 'ㄱ'을 골랐다면, ㄱ으로 시작하는 단어들을 처음부터 끝까지 읽으며 '나를 표현하는(소개하는) 단어 3개'와 '내가 닮고 싶은(동경하는) 단어 3개'를 골라보세요. 평생 한국어를 사용하며 살아왔어도 사전을 보다 보면 의외로 처음 보는 단어가 정말 많을 거예요. '이렇게 나를 잘 표현하는 말이 있었네?' 하고 새로운 단어를 발견할지도 모릅니다. 어떤 단어를 고르셨나요? 어떤 의미를 가진 단어인가요?

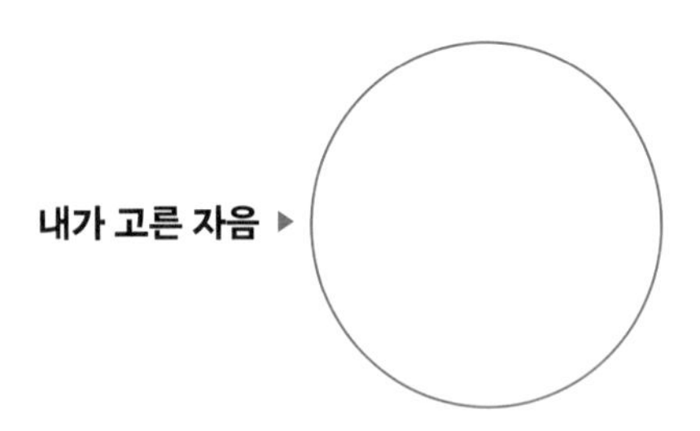

**현재의 나를 표현하는 단어 3개와 의미**

[ ] ▶

[ ] ▶

[ ] ▶

**미래에 내가 닮고 싶은 단어 3개와 의미**

[ ] ▶

[ ] ▶

[ ] ▶

다른 사람들은 어떤 단어를 가져왔는지 볼까요? ㄱ부터 ㅎ까지 각 자음에서 고른 단어들을 살펴볼게요. 처음 들어보거나 단번에 뜻을 파악하기 어려운 단어는 아래에 의미도 함께 적었습니다.

| | 현재의 나를 표현하는 단어 | 미래에 내가 닮고 싶은 단어 |
|---|---|---|
| ㄱ | 개인적<br>강호지락[1]<br>골목대장 | 건물주<br>고수[2]<br>고맙다 |
| ㄴ | 나긋하다[3]<br>난안하다[4]<br>낙천적 | 나<br>난든집이 나다[5]<br>내풀로[6] |
| ㄷ | 도탑다[7]<br>대견하다<br>단팥죽 | 도시<br>다정다감<br>드림 |
| ㄹ | 리얼리스트<br>롤러코스터<br>리듬 | 리더<br>러닝메이트<br>람바다[8] |
| ㅁ | 명상<br>무념무상<br>민하다[9] | 미인<br>미추룸하다[10]<br>만장일치 |
| ㅂ | 바둥바둥<br>부유[11]<br>발룽발룽[12] | 반득이다[13]<br>복덩이<br>백만장자 |
| ㅅ | 새롭다<br>생각<br>선택 | 새벽<br>선선하다<br>생활력 |

1 자연을 벗 삼아 누리는 즐거움
2 먹는 고수 아니고요.
잘생긴 고수 아니고요.
3 사람을 대하는 태도가 상냥하고 부드럽다
4 부끄럽거나 창피하여 얼굴색이 붉어지다
5 손에 익숙해지다
6 내 마음대로
7 서로의 관계에 사랑이나 인정이 많고 깊다
8 브라질의 관능적인 춤과 노래
9 조금 미련하다
10 한창 때에 건강하여 기름기가 돌고 아름다운 태가 있다

| | | |
|---|---|---|
| ㅇ | 일기<br>운율<br>와인 | 음악<br>안목<br>와식[14] |
| ㅈ | 자각[15]<br>자극제<br>집요하다 | 조화롭다<br>자족하다[16]<br>짙푸르다 |
| ㅊ | 취향<br>찻잎<br>청취 | 출국<br>충분하다<br>춤 |
| ㅋ | 카피라이터<br>컨설턴트<br>쾌감 | 쾌남<br>코냑<br>카타르시스 |
| ㅌ | 터닝포인트<br>탐구<br>투명 | 탐험가<br>통찰력<br>투스카니[17] |
| ㅍ | 필승<br>풍미<br>평판 | 품위<br>평안<br>편견 없다 |
| ㅎ | 힐링<br>휴식<br>호기심 | 호쾌하다<br>혜안[18]<br>해박[19] |

11 행선지를 정하지 아니하고 이리저리 떠돌아다님

12 탄력 있는 큰 물체가 잇따라 약간 벌어졌다 오므라들었다 하는 모양

13 물체 따위에 반사된 작은 빛이 잠깐씩 나타나다

14 일을 하지 않고 놀고먹음

15 현실을 판단하여 자기의 입장이나 능력 따위를 스스로 깨달음

16 스스로 넉넉함을 느끼다

17 이탈리아 중부에 위치한 지역 이름

18 사물을 꿰뚫어 보는 안목과 식견

19 끈이나 오라 따위로 결박한 것을 풀어줌

처음 듣는 단어와 재미있는 단어가 많이 나왔죠. 예전에 좋아했지만 잊고 있던 단어도 많습니다. 여러 번의 수업을 진행했지만 겹치는 단어가 단 한 번도 없었어요. 단어를 6개 나열했을 뿐인데 이 사람이 어떤 사람인지, 무엇을 좋아하는지, 어떻게 살고 싶은지 그려지지 않나요? 그럼 이제 이 단어들로 '나'라는 브랜드를 좀 더 선명하게 정의해볼게요.

스스로 고른 6개의 단어 중에 3개를 뽑아서, 내 자서전의 제목을 지어봅시다. 단어 3개를 연결해 문장을 만드는 것은 첫 번째 게임 '낯선 단어 연결하기'에서 해봤죠. 나를 말해주는 6개의 단어, 그중에서도 가장 끌리는 단어들을 우선 골라서 연결해보세요. 책의 제목을 짓는 것은 컨셉 라이팅과 매우 닮아 있습니다. 자서전 제목에 한 사람의 인생을 모두 담을 수는 없겠죠. 하지만 나의 신념, 내가 가장 좋아하는 것, 내 인생의 가장 인상 깊은 장면은 담을 수 있습니다. 3개의 단어로 나를 표현하는 한 줄을 만들어보세요.

▶

책의 제목에 다 넣기 힘들다면 부제도 넣어보세요.

▶

다른 분들은 어떻게 했는지 한번 볼까요?

**〈ㄷ〉**

**현재의 나를 표현하는 단어 3개**

▶ 도탑다, 대견한, 단팥죽

**미래에 내가 닮고 싶은 단어 3개**

▶ 도시, 다정다감, 드림

**나의 자서전 제목**

▶ 도타운 도시를 위해 단팥죽을 끓입니다

너무 좋네요. 펼치기 전부터 온기가 느껴지는 책이 되겠어요. 도타운 도시를 위해 단팥죽을 끓이는 사람이라니, 얼마나 따뜻한 사람일지 저절로 상상이 되고 흐뭇해집니다. 이 사람은 실제로 단팥죽을 끓이는 사람일까요? 아니면 단팥죽처럼 따뜻하고 달콤한 마음을 전하며 사는 사람일까요? 어느 쪽이어도 좋을 것 같습니다. 이 책에는 색연필로 그린 삽화가 들어가면 좋겠어요. 팥을 소재로 한 일본 영화 〈앙〉처럼 영화로 만들어도 좋을 것 같고요. '도시' 앞에 신선한 단어 '도타운'이 붙으니 작가가 어떤 세상을 꿈꾸며 살고 싶은지 상상이 되네요. 만나보고 싶은 사람입니다.

〈ㄹ〉

**현재의 나를 표현하는 단어 3개**

▸ 리얼리스트, 롤러코스터, 리듬

**미래에 내가 닮고 싶은 단어 3개**

▸ 리더, 러닝메이트, 람바다

**나의 자서전 제목**

▸ 리얼리스트의 러닝: 리듬 타며 리더로

와, 매일 달리기를 하는 어떤 CEO의 회고록 같네요. 언뜻 차가워 보이지만 알고 나면 유쾌한 사람일 것 같습니다. 귀에는 헤드폰이 덮여 있고 그 헤드폰은 왠지 비쌀 것 같고요. 아무튼 되게 멋있는 사람일 것 같아요. 샌프란시스코 골든게이트 브릿지 같은 곳을 달릴 것 같죠. 책에는 어떤 이야기가 실려 있을까요? 일에서 배운 것들, 나만의 스트레스를 푸는 법, 리더로서 가져야 할 마음가짐 등 일과 인생에 관한 어떤 이야기가 들어 있어도 이상하지 않을 것 같습니다.

〈ㅂ〉

**현재의 나를 표현하는 단어 3개**

▸ 바둥바둥, 부유, 발룽발룽

**미래에 내가 닮고 싶은 단어 3개**

▸ 반득이다, 복덩이, 백만장자

**나의 자서전 제목**

▸ 지금은 바둥바둥하고 있지만 백만장자를 꿈꾸는 너에게: 이 책이 복덩이가 될 거야

힘이 센 제목이네요. 되고 싶은 것을 매일 크게 외치면 정말 그렇게 된다고 하죠. 닮고 싶은 단어에 '백만장자'를 넣은 분이라면 정말 백만장자가 될 수 있을 것 같은데요. 자서전 제목에서 먼저 이루었네요, 백만장자. 그리고 그 비법을 혼자만 아는 것이 아니라 주변에 전파하고 있

죠. 이 책으로 한 번 더 부를 얻으실 것 같아요. 저도 필요하거든요, 복덩이.

〈ㅅ〉

**현재의 나를 표현하는 단어 3개**

▶ 새롭다, 생각, 선택

**미래에 내가 닮고 싶은 단어 3개**

▶ 새벽, 선선하다, 생활력

**나의 자서전 제목**

▶ 새로운 새벽, 선선한 생각

와, 담대한 제목입니다. 새로운 시대를 연 선각자의 자서전 같고요. 이순신 장군급의 거장 냄새가 납니다. 미라클모닝을 하는 분이 매일 아침 책을 읽고 인사이트 있는 문장을 한 줄씩 큐레이팅해주는 구독레터라고 해도 좋을 것 같습니다. 어느 쪽이든 최소한 저보다는 그릇이 큰 분 같아요.

〈ㅇ〉

**현재의 나를 표현하는 단어 3개**

▶ 일기, 운율, 와인

**미래에 내가 닮고 싶은 단어 3개**

▶ 음악, 안목, 와식

**나의 자서전 제목**

▶ 일기는 운율, 와인은 음악:

운율이 있는 와인일기

나라는 사람을 와인과 일기로 브랜딩했네요. 쉽고 명확합니다. 닮고 싶은 단어에 음악을 넣은 것도 근사해요. 바쁘고 정신없는 하루를 보냈더라도 퇴근 후에는 음악을 들으며 와인을 마시는 세련되고 단정한 인생이 책에 담겨 있을 것 같아요. 사보고 싶네요.

〈ㅊ〉

**현재의 나를 표현하는 단어 3개**

▶ 취향, 찻잎, 청취

**미래에 내가 닮고 싶은 단어 3개**

▶ 출국, 충분하다, 춤

**나의 자서전 제목**

▶ 출국편엔 늘 윤상을 청취하는 이의 떠나는 취향

아주 개인적이면서도 매우 독특한 제목입니다. 즐겨 듣는 음악과 좋아하는 영화를 물어보면 나와 취향이 맞는 사람인지 아닌지 파악이 되죠. 입국도 아니라 출국할 때 윤상을 청취한다니 나와 다른 취향임에도 불구하고 호기심이 가는 사람이네요. '취향' 앞에 '떠나는'을 붙인 것도 인상적입니다. 어쩐지 해외 출장을 자주 가는 사람, 이유는 설명할 수 없지만 이탈리아나 프랑스로 출장을 자주 가는 패션업 전문가 같아요.

**〈ㅋ〉**

**현재의 나를 표현하는 단어 3개**

▶ 카피라이터, 컨설턴트, 쾌감

**미래에 내가 닮고 싶은 단어 3개**

▶ 쾌남, 코낙, 카타르시스

**나의 자서전 제목**

▶ 쾌남 컨설턴트의 커뮤니티 그리고 코냑

본인을 쾌남이라 정의할 수 있는 사람이라니 자신감이 일단 부럽고요. 무슨 일을 하고 싶은지가 아주 명쾌하네요. 위스키가 아니라 코냑이라니 진득하고 향기로운 취향의 커뮤니티일 것 같아요. 그 커뮤니티 저도 가입하고 싶네요.

**〈ㅎ〉**

**현재의 나를 표현하는 단어 3개**

▶ 힐링, 휴식, 호기심

**미래에 내가 닮고 싶은 단어 3개**

▶ 호쾌하다, 힘, 해박

**나의 자서전 제목**

▶ 힘 없는 휴식가의 호쾌한 일상

엇박을 치는 단어들이 합쳐져 유쾌한 제목이 탄생했네요. 힘 없는 휴식가가 보내는 일상이 어떻게 호쾌할 수 있는지 궁금하고요. 이렇게 본인을 소개하는 사람이라면 만나서 이야기를 들어보고 싶어요. 이 사람 되게 무해하게 웃길 것 같거든요.

단어 3개를 골라서 연결했을 뿐인데 꽤 근사한 자서전 제목이 되었죠. 자서전 제목의 역할은 '읽어보고 싶은' 느낌이면 충분합니다. 호기심을 불러일으키면 되죠. 내가 어떤 사람인지 이야기할 자리는 책 속에 충분히 있습니다. 셀프 브랜딩의 시작도 똑같습니다. **한 줄에 자신의 전부를 담으려 하지 마세요.** 그럼 딱딱하고 재미없어지죠. 자신을 표현하는 몇 개의 단어들을 골라 넣으면 타인이 궁금해할 매력적인 자기소개 한 줄이 나옵니다. 다른 분들이 쓴 것을 보니, 새로운 생각이 났나요? 다시 한번 내 자서전의 제목을 지어보세요. 아까와는 다른 단어를 골라서 써봐도 좋습니다.

▶

자서전 제목을 쓰는 것으로 나를 정의했다면, 이번에는 다른 방법으로 한 번 더 나를 선명하게 만들어봅시다.

지금 6개의 단어를 가지고 있죠. 그중 2개를 버리세요. 그리고 다른 사람들이 골랐던 단어 중에서 2개를 가져오세요. 예를 들어, 내가 'ㄱ'에서 단어를 찾았다면, 'ㅁ'이나 'ㅎ'에서 단어를 하나씩 골라 오는 거예요. 아무거나 끌리는 대로 가져오세요.

**남아 있는 나의 단어 4개**

▶

**새로 가져온 단어 2개**

▶

가져오셨나요? 인생이란 게 계획하며 살아도 어디로 갈지는 모르잖아요. 살다 보면 좋아하는 일을 그만두고 새로운 일을 하게 되기도 하고요. 싫어했던 일이 좋아지기도 합니다. 새로운 사람들을 만나고 새로운 경험을 하며 신념이 바뀌고, 막연하게 옳다고 생각했던 어떤 믿음이 굳은 확신이 되기도 합니다. 2개의 단어를 버리고 2개의 새로운 단어를 얻은 것이 나의 인생이라고 생각해봅시다. 어떤 것을 버리고 어떤 것을 새로 얻었나요? 이 새로운 6개의 단어로 이번에는 나의 묘비명을 써볼 거예요.

화장을 해서 납골당에 안치되든 수목장을 해서 나무 한 그루가 되든 내가 떠난 자리에 한 줄을 남긴다고 상상해 봅시다. 나는 어떤 인생을 살았을까요? 어떤 사람으로 기억되고 싶나요? 한 줄의 문장으로 남는다면, 어떤 말로 남고 싶은가요?

사용할 단어의 개수는 자유롭게, 3개를 넣어도 되고 4개를 넣어도 됩니다. 기존에 내가 골랐던 단어로만 구성해도 되고, 새로 고른 단어들을 넣어도 좋아요. 생각을 돕기 위해 인상 깊은 묘비명을 몇 개 가져왔어요. 유명인들의 묘비명은 어떨지 읽어봅시다.

> "나는 아무것도 바라지 않는다.
> 나는 아무것도 두려워하지 않는다.
> 나는 자유다."

—니코스 카잔차키스, 《그리스인 조르바》 저자

> "세상과 사랑싸움을 하다 가다."

—로버트 프로스트, 《가지 않은 길》 저자

"너에 맞서 자신을 던지리라,
물러서지 않고 꿋꿋하게,
오 죽음이여!"

—버지니아 울프, 《자기만의 방》 저자

"아르리고 베일레. 밀라노 사람.
썼다. 사랑했다. 살았다."

—스탕달, 《적과 흑》 저자

"브루스 리,
절권도의 창시자."

—이소룡, 배우

"신의 축복으로 태어난 그는
인생의 6분의 1을 소년으로 보냈다.
그리고 다시 인생의 12분의 1이 지난 뒤에는
얼굴에 수염이 자라기 시작했다.
다시 7분의 1이 지난 뒤 그는
아름다운 여인을 맞이하여 화촉을 밝혔으며,
결혼한 지 5년 만에 귀한 아들을 얻었다.

> 아! 그러나 그의 가엾은 아들은
> 아버지의 반밖에 살지 못했다.
> 아들을 먼저 보내고 깊은 슬픔에 빠진 그는
> 그 뒤 4년간 정수론에 몰입하여
> 스스로를 달래다가 일생을 마쳤다."

―디오판토스, 대수학의 아버지

묘비명이라고 무게 잡을 필요가 없네요. 문체도 그 사람답게, 살아온 인생답게 썼다는 점에서 울림이 느껴집니다. 그럼 이제 여러분의 묘비명을 써볼 차례입니다.

**나에게 있는 단어 6개**

▶

**나의 묘비명**

▶

다른 사람들은 자신의 묘비명을 어떻게 썼을까요?

**내가 가진 단어 6개**

▶ 휴식, 호쾌하다, 힘, 힐링, 탐험가, 새벽

**나의 묘비명**

▶ 새벽을 탐험하던 사람. 다시, 호쾌한 모험을 시작합니다.

몇 년 전 미국의 작은 도시를 여행한 적이 있는데요, 시차 적응을 못 해 새벽에 일어나 동네를 산책하다 마을 끝에 있는 묘지에 갔었습니다. 공원처럼 개방된 공간이어서 누구나 들어갈 수 있더라고요. 동틀 무렵 잘 가꿔진 묘비 사이를 걸으며 비석에 새겨진 이름과 짧은 묘비명을 보고 있자니 마음이 차분해지더라고요. 만약 이 묘비명을 그 산책길에 봤다면 흐뭇하게 웃었을 것 같아요. 호기심을 갖고 인생을 성실히 살았던 어떤 부지런한 사람이 죽음 앞에서도 유머를 잃지 않았네요. 어딘가에서 새로 시작될 모험을 응원하고 싶어집니다.

**내가 가진 단어 6개**

▶ 취향, 찻잎, 춤, 충분하다, 새롭다, 선택

**나의 묘비명**

▶ 새로운 것을 선택하며 살았다.

충분할 때도 충분하지 않을 때도 있었지만
춤 같은 인생이었다.

UFC 파이터 추성훈이 아버지가 돌아가시고 나서 이런 이야기를 한 적이 있습니다. 아버지가 어떤 분이셨냐면, 인생에서 무엇을 선택해야 할지 모르겠을 땐 어려운 길을 선택하라고 말해준 사람이라고요. 그래서 인생의 갈림길에서 헷갈릴 때 늘 어려운 길을 선택했고 그 선택들이 지금의 자신을 만들었다고 했죠. 선택의 기준을 가르쳐준 아버지라니, 이보다 멋진 유산이 없다고 생각했습니다. 이분은 갈림길을 만날 때마다 새로운 것을 선택하며 사셨네요. 용감한 선택을 하며 힘들 때도 좋을 때도 있었지만 그 인생을 고난이 아니라 춤 같다고 말하다니 왜 이렇게 멋있는 거죠. 저도 이런 인생을 살았으면 좋겠어요. 새로운 것과 익숙한 것 중 새로운 것을 선택하며 살고 싶고, 그 인생이 춤 같았으면 좋겠네요.

**내가 가진 단어 6개**

▶ 리얼리스트, 롤러코스터, 러닝메이트, 람바다,
낙천적, 단팥죽

**나의 묘비명**

▶ 인생이라는 롤러코스터에서

나의 사랑하는 러닝메이트와 낙천적으로 살다 가다.

제사상에는 단팥죽 한 그릇이면 충분합니다.

웃음이 절로 나네요. 어떤 낙천주의자의 희로애락 인생을 함축적으로 들은 기분이에요. 남편일지 아내일지 친구일지 반려동물일지 모르겠지만 인생의 짝을 러닝메이트라 표현한 것도 평생 사랑하는 누군가를 존중하며 살았을 태도가 연상되어 더욱 매력적이네요. 단팥죽 한 그릇으로 충분한 제사상이라니 자손을 위한 배려까지 담긴 조상님의 묘비명입니다.

**내가 가진 단어 6개**

▶ 대견하다, 도타운, 도시, 다정다감, 백만장자, 통찰력

**나의 묘비명**

▶ 이 도시에 필요한 것은 백만장자보다

다정다감한 사람입니다. 서로에게 다정하세요.

영화 〈에브리씽 에브리웨어 올 앳 원스Everything Everywhere All At Once〉를 개봉 첫날 보러 갔었습니다. 상당히 혼란스러운 전개와 어지러운 편집에 혼이 나갈 것 같아 30분 만에 짐을 싸서 나왔죠. 그리고 얼마 뒤 모든 국제 영화제에서 이 영화가 호평과 함께 상을 쓸어가더라고요. 주변인들이 영화를 봤냐고 물을 때마다 "나는 개봉 첫날에 봤지"라고 답했습니다. 끝까지 봤냐고는 묻지 않길래 중간에 나온 건 비밀로 했습니다. 굳이 나서서 희대의 명작을 알아보지 못하는 사람이 되고 싶지는 않았어요. 어쨌든 유튜브로 학습한 이 영화의 주제는 '다정하라(Be kind)'였더라고요. 평범하기 짝이 없는 남자주인공 웨이몬드는 이렇게 외칩니다. "내가 아는 단 한 가지는 우리가 서로에게 다정해야 한다는 거야. 특히 무슨 일이 일어나는지 모르겠을 때는 더욱 다정해야 해." 통찰력 있는 멋진 대사죠. 조금만 참고 끝까지 볼걸 그랬네요.

어쨌든 이 묘비명을 보고 (유튜브로 본) 그 장면이 생각났어요. 우리에게 필요한 건 부자보다 다정한 사람. 특히나 이 도시에서는 더욱 그렇습니다. 너무 다정하네요. 죽지 마세요.

**내가 가진 단어 6개**

▶ 일기, 음악, 안목, 와인, 평안, 쾌감

**나의 묘비명**

▶ 일기는 평안, 안목은 쾌감, 와인은 음악.

어머나. 게임 5개를 정말 훌륭하게 마스터하셨네요. 어서 하산하세요. 6개의 단어를 모두 담았는데 이토록 군더더기 없는 한 줄이라니, 세련됨에 취합니다. 머문 자리에 미련 하나 남기지 않았네요. 감각적인 인생을 추구하며 살아오셨을 것이 확실하고요. 이분의 집은 얼마나 근사할지 그려지네요. 가구부터 조명, 옷, 소품과 책까지 모두 독특하고 멋있는 컬렉션을 가지고 있을 것만 같습니다. 유품 세일을 한다면 가고 싶어요. 세련된 사람은 이렇게 딱 떨어지는 묘비명을 남기네요.

다른 사람들의 묘비명을 보니 내 묘비명을 고치고 싶어졌나요? 얼마든지 좋습니다. 다시 한번 써보세요. 나는 어떤 말을 남기고 싶나요?

## 나의 묘비명

▶

이제 여러분에게는 가까운 미래의 자서전 제목과 먼 미래의 묘비명이 있습니다. 나라는 브랜드를 말해주는 한 줄의 컨셉을 2개나 썼습니다. 내가 살아온 인생, 내가 살고 싶은 인생을 두 줄로 정의할 수 있는 사람이 되었어요. 뿌듯하고 든든한 기분이기를 바랍니다. 이 컨셉을 언제 써먹을 수 있냐면, 일단 진짜 자서전의 제목과 묘비명으로 쓸 수 있고요. 나를 소개하는 모든 자리에 활용할 수 있죠. 친구가 되고 싶은 사람과의 술자리에서는? 엄마와 둘이 산책을 하면서는 어떨까요? 부부가 함께 떠난 여행에서 '불멍'을 하는 빈 시간에도 좋을 것 같은데요. 나의 이야기를 들려주고 너의 자서전 제목은 무엇으로 쓰고 싶은지 물어보는 대화도 재미있지 않을까요. 잘 못 쓰겠다고 말하는 상대에게 이 책을 한 권 선물하는 것은 또 (제가) 얼마나 좋을까요.

## 해결 한 줄의 자기소개로 한 권의 컨셉을 쓰다

독립출판을 기획 중인 심가람 님의 문제를 풀어볼 시간입니다.

작가들이 하는 말이 있습니다. 첫 줄을 쓰고 나면 어떻게든 계속 쓰게 된다는 겁니다. 자신의 첫 번째 책 주제를 정하고 싶은 가람 님은 일단 한 줄의 자기소개를 써보는 방법을 선택했죠. 아주 좋은 시작이라 생각합니다. 그리고 다섯 번째 게임은 그 첫 줄을 탄생시키는 연습이었습니다. 앞서 보여드린 것처럼 가람 님도 1개의 자음을 선택해서 6개의 단어를 고르고 조합해 자서전의 제목과 묘비명을 써보셨으면 좋겠습니다. 그리고 그 과정에서 지금까지 살아온 인생이 함축되고 앞으로 살고 싶은 인생이 구체화되리라 기대합니다. 가람 님이 'ㅈ'을 선택했다고 가정해볼게요. 게임을 위해 국어사전을 보며 단어를 골랐지만 평소 내가 자주 쓰고 좋아하는 단어가 무엇인지 적어봐도 좋습니다. 자주 사용하는 단어들, 그 단어들 속에 내가 있습니다. 너무 흔한 단어라서 성에 안 찬다면 같은 의미의 다른 단어를 찾아보는 것도 좋죠. 자, 가람 님의 선택을 볼까요?

**나를 표현하는 단어 3개**

▶ 잠수, 정, 지구

**내가 닮고 싶은 단어 3개**

▶ 자유, 정성, 주인

**나의 자서전 제목**

▶ 정성스럽고 자유롭게 지구의 주인이 되는 법

정성과 자유가 만나 한 문장에 들어가니 흥미로운 제목이 되었네요. 이 제목에 기대어 책을 낸다면 어떤 글이 들어갈까요? 가람 님은 아마도 자유롭게 살고 싶은 주체적인 사람이지만 주변을 정성스럽게 챙기는 것도 놓치지 않는 섬세한 사람, 그런 인생을 살고 싶은 분일 것 같습니다. 자서전의 제목을 정했다면 그 제목에 기대어 첫 번째 글을 써보세요. 첫 번째 글은 동네 산책에 관한 내용이면 어떨까 싶어요. 주말 오후, 홀로 골목골목을 꼼꼼히 살피며 걷다가 동네 카페에서 커피 한잔하며 사장님과 몇 마디 나누고 돌아오는 산책에 관한 글은 어떨까요. 두 번째 글은 같은 마음으로 낯선 나라의 골목을 산책했던 기억으로 이어진다면 좋을 것 같은데요. 세 번째는 처음으로 비건 요리를 해봤을 때의 기분. 네 번째는 유기견 봉사를 갔을 때의 마음. 다섯 번째는 야근하고 귀가하는 길에 이대로 자기 싫어서 밤 드라이브를 간 에피소드. 여섯 번째는 우리 동네가 너무 좋아서 은퇴하면 통장이 되고 싶다 생각했던 날. 제목 하나를 정했을 뿐인데 쓰고 싶은 글이 꼬리에 꼬리를 물고 이어지네요. 나다운 방식으로 지구의 주인이 되는 법은 다양하고 끝이 없습니다.

가람 님처럼 책을 내고 싶은 분도 있고, 개인 유튜브 채널을 만들고 싶은 분, 또는 현실과는 다른 나를 인스타그램에 담고 싶은 분도 많죠. 나만의 브랜드를 만들고 싶은 분도 좋습니다. 이렇게 셀프 브랜딩을 고민하는 분들에게 한 가지 팁을 드리고 싶습니다. 연말이 다가오면 한 해 동안 읽었던 책, 봤던 영화, 갔던 여행지, 인상 깊었던 만남 등 나만의 연말정산을 하는 분들이 많잖아요. 한 해를 차분하게 정리하는 참 좋은 방법이라고 생각하는데요. 그 연말 의식에 한 가지를 더해서, 나를 표현하는 단어 3개와 내가 닮고 싶은 단어 3개를 골라보는 겁니다. 단어들을 조합해 자서전 제목과 묘비명도 한번 써보세요. 그리고 해마다 업데이트를 해보는 거예요. 이전 해와 달라도 좋고 달라지지 않아도 좋습니다. 한 살 한 살 나이를 먹으며 조금씩 달라지는, 또는 그대로인 '두 줄의 나'를 기록해보는 것입니다. 나의 두 줄, 즉 나의 컨셉은 어디로 가게 될까요? 몇 년 후에는 그 컨셉대로 살고 있는 나를 발견할 수도 있겠어요. 이번 연말부터 시작해보세요. 여러분 모두 각자의 인생이 담긴 컨셉을 갖게 되기를 응원합니다.

# 마치며 끈적이는 모험을 시작하세요

5개의 게임이 모두 끝났습니다. 이제 여러분은 문제를 해결하는 방법 5가지를 알게 됐네요. 포기하지 않고 끝까지 따라와주셔서 고맙습니다.

광고회사에 다닌다고 말하면, 어디서 아이디어를 얻냐는 질문을 많이 받습니다. 한 가지 확실하게 말할 수 있는 건, 질문하는 분보다 제가 더 간절하게 그 답을 알고 싶어 한다는 것일 텐데요, 언젠가 책을 보다가 그 답을 찾았습니다.

영감이 찾아오길 기다려서는 안 된다.
몽둥이를 들고 그걸 쫓아가야 한다.

이렇게 원초적이고 본질적인 답을 말한 사람이 누구일까 궁금해 찾아봤더니, 소설가 잭 런던이더라고요. 그의 작품 중 우리나라에서 가장 유명한 건《화이트 팽》입니다. 영화로도 만들어져 우리나라에는 〈늑대 개〉라는 제목으로 오래전에 개봉했는데요. 이걸 기억하는 이유는 제가 난생 처음 극장에서 봤던 어른 영화였기 때문입니다. 영화는 한 소년이 아버지의 유언대로 금광을 찾아 알래스카의 깊은 산속에 들어가는 장면으로 시작합니다. 그곳은 금에 눈이 먼 거칠고 차가운 어른들의 세계. 마음 둘 곳 없는 소년은 어느 날 늠름한 개를 한 마리 만납니다. 이 개가 바로 늑대와 개의 혼혈인 늑대 개입니다. 이름은 화이트 팽, '하얀 송곳니'라는 뜻인데요, 이날부터 화이트 팽과 소년은 둘도 없는 친구가 돼요. 남들에게는 사나운 이빨을 빛내지만 소년에게만은 부드럽게 꼬리를 흔들어주는 화이트 팽. 그들의 우정이 너무 따뜻해서 알래스카 설원에서 함께 뛰어노는 모습을 보며 감동 젖은

눈물을 흘렸던 기억이 납니다.

잭 런던은 어떻게 이런 이야기를 쓸 수 있었을까요? 그의 별명은 '모험의 작가.' 작가이기 이전에 위험을 불사하는 모험가였고 매일 1000자씩 글을 썼다고 합니다. 그러니까 영감을 찾아 기꺼이 모험을 떠나고 그것을 성실히 글로 써냈던 사람이었던 거죠. 멋집니다.

컨셉도 마찬가지입니다. 가만히 있는 사람에게 찾아오는 것이 아니죠. 하지만 컨셉을 쓰기 위한 모험이 꼭 등산화를 신고 배낭을 짊어진 차림새일 필요도 없습니다. 어떤 모험은 연필을 움켜쥐고 사전으로 뛰어들며 시작됩니다. 저는 우리가 해본 5개의 게임을 5번의 모험이라고 말하고 싶어요. 익숙한 것을 버리고 낯선 것을 선택하는 것, 숨어 있는 것을 찾기 위해 먼 곳까지 가보는 것, 열린 마음으로 새로움을 받아들이는 것, 진짜 나를 찾아 나서는 것, 이 모든 과정이 스릴 넘치는 생각의 모험입니다. 우리는 이미 5번의 모험을 해냈습니다. 정말 수고 많으셨어요.

잊지 마세요. 컨셉은 여러분처럼 쫓아가는 사람에게 찾아옵니다. 저는 이 책이 여러분의 모험에 함께할 든든한 몽둥이가 되기를 바랍니다.

흩어지는 생각을
컨셉으로 뽑아내는 글쓰기 게임

# 컨셉 라이팅

2024년 5월 20일 초판 1쇄 발행
2024년 11월 11일 초판 3쇄 발행

**지은이** 노윤주
**펴낸이** 김은경
**편집** 권정희, 한혜인, 장보연
**마케팅** 박선영, 김하나
**디자인** 황주미
**경영지원** 이연정

**펴낸곳** ㈜북스톤
**주소** 서울시 성동구 성수이로7길 30, 2층
**대표전화** 02-6463-7000
**팩스** 02-6499-1706
**이메일** info@book-stone.co.kr
**출판등록** 2015년 1월 2일 제2018-000078호



**ISBN** 979-11-93063-47-7(03190)



북스톤은 세상에 오래 남는 책을 만들고자 합니다. 이에 동참을 원하는 독자 여러분의 아이디어와 원고를 기다리고 있습니다. 책으로 엮기를 원하는 기획이나 원고가 있으신 분은 연락처와 함께 이메일 info@book-stone.co.kr로 보내주세요. 돌에 새기듯, 오래 남는 지혜를 전하는 데 힘쓰겠습니다.